Art des Indiens d'Amérique du Nord

Cet ouvrage a été publié à l'occasion de l'exposition
Art des Indiens d'Amérique du Nord
organisée par le Fenimore Art Museum, New York State Historical Association, Cooperstown (New York)
et la Mona Bismarck Foundation
à Paris du 21 janvier au 18 mars 2000.

Les clichés sont de John Bigelow Taylor, New York
Les textes ont été traduits de l'américain par Françoise Perriot et Slim Batteux

Conception graphique et cartographie : Hugues Cornière, Graphic Garage
Suivi éditorial : Cécile Reichenbach
Corrections : Philippe Rollet
Fabrication : François Gautier
Coordination : Michaële Liénart

ISBN : 2-85056-374-9
Imprimé en Italie (Communauté européenne)
Dépôt légal : 4e trimestre 1999

Dans la collection d'Eugene et Clare Thaw

Art des Indiens d'Amérique du Nord

SOMOGY
ÉDITIONS
D'ART

MONA BISMARCK
FOUNDATION

Sommaire

Préface

L'introduction ou la préface d'un catalogue consiste souvent uniquement en une série de remerciements et de louanges envers ceux qui ont eu le désir, l'enthousiasme et, surtout, la connaissance leur permettant de constituer une collection d'objets d'art dignes d'être exposés à la vue de personnes attirées et intéressées par le sujet. Tâchons d'aller un peu plus loin.

Nous avons eu la chance de connaître et d'apprécier Eugene et Clare Thaw, qui sont des sommités du monde des arts internationaux, grâce à Pierre Matisse, proche ami d'Eugene Thaw, qui l'avait désigné comme l'un de ses exécuteurs testamentaires. Résidents de Santa Fe depuis 1987, Eugene et Clare Thaw sont, entre autres activités artistiques, devenus collectionneurs d'art amérindien. Une donation de la totalité de leur remarquable collection est promise au Fenimore Art Museum à Cooperstown, New York, où une annexe a été spécialement construite pour la recevoir. En tant que fondation franco-américaine, la Mona Bismarck Foundation a souhaité exposer au public parisien les chefs-d'œuvre de ces Américains d'origine.

L'histoire des peuples amérindiens m'a toujours intrigué. Mon propre grand-père, en tant que surintendant du recensement de 1890 aux États-Unis, avait alors eu l'occasion de s'y intéresser.

Depuis quelques générations, la tendance a été de considérer qu'à la suite de l'arrivée des Européens sur le continent américain, la mortalité consécutive aux massacres, aux guerres et aux déportations, aggravée par les très nombreux décès dus au manque d'immunité des autochtones face aux maladies venues d'Europe – variole, rougeole, grippe, peste bubonique, diphtérie, typhus, choléra, scarlatine –, mènerait probablement à l'extinction de ces peuples.

En effet, bien que les chiffres des différentes études varient fortement, il est manifeste qu'entre les années 1500 et 1900, la population des Amérindiens a énormément chuté. De nos jours, elle recommence à progresser fortement. Le recensement de 1997 en dénombre 2,3 millions, avec une augmentation de 12 % depuis 1990. Une brochure qui nous a été transmise par le Smithsonian Institute semble le confirmer et les chiffres officiels révèlent qu'ils représentent aujourd'hui 1 % de la population. Les Navajos, par exemple, seraient 400 000. Ces chiffres n'incluent d'ailleurs pas les *Native Americans* qui ne vivent plus sur les terres dont leur peuple est originaire, et dont le lieu de résidence évolue, comme le fait celui de la population américaine en général, selon les besoins de leurs études ou de leur profession.

Grâce à la collection Thaw, nous avons la chance rare d'admirer, avec cette exposition, l'art authentique de nos premiers Américains, et nous remercions chaleureusement Eugene et Clare Thaw, ainsi que la New York State Historical Association et le Fenimore Art Museum dont le directeur, Gilbert Vincent et le conservateur, Sherry Brydon, nous ont été d'une aide précieuse pour l'organisation, la sélection et la mise en place des œuvres.

RUSSELL M. PORTER
président de la Mona Bismarck Foundation

Remerciements

Nos remerciements vont tout particulièrement à Eugene et Clare Thaw pour le prêt de cette magnifique
collection, ainsi qu'à Gilbert Vincent, directeur du Fenimore Art Museum, au New York State Historical
Association de Cooperstown, New York, à Sherry Brydon, conservateur du Fenimore Art Museum
et à Monica Dunham, de la Mona Bismarck Foundation, ainsi qu'à tous ceux qui ont permis la réalisation
de ce livre et de cette exposition :

John Arieta	M. et Mme Jean Krebs
Walter Banko	Mary Kay Lenz
Pierre Bovis	Morning Star Gallery
Ted J. Brasser	Laure Meyer
John Barbry	Chuna McIntyre
Jonathan Batkin	David Meschutt
Steven C. Brown	Cath Oberholtzer
Sherry Brydon	Ruth Phillips
Jonathan Batkin	Jolette Rickard
Edmund Carpenter	Chris Rossi
Will Channing	Christian Roy
Ralph T. Coe	Joyce Szabo
Marvin Cohodas	Paul Steinhacker
Don Ellis	John Bigelow Taylor
Larry Frank	George Terasaki
Toby Herbst	Richard et Elizabeth Walker
Jonathan Holstein	Andrew H. Whiteford
Jonathan King	Ruth Whitehead

ainsi qu'au personnel du Fenimore Art Museum et au personnel de la Mona Bismarck Foundation.

Nous remercions également Nicolas Neumann, directeur des éditions d'art Somogy, et tous ceux
qui ont travaillé à la réalisation de cette publication, notamment Hugues Cornière, François Gautier,
Michaële Liénart, Françoise Perriot, Cécile Reichenbach et Philippe Rollet.

Océan Arctique

Arctique

ÉTATS-UNIS

Subarctique

Baie
d'Hudson

C A N A D A

Côte
Nord-Ouest

Océan Pacifique

Plateau

Plaines

É T A T S - U N I S

Grand Bassin

Pays des Forêts

Californie

Océan Atlantique

Sud-Ouest

Golfe
du Mexique

MEXIQUE

Rencontres entre Indiens et Français

Sherry Brydon & Gilbert T. Vincent

Dans toute collection d'envergure sur l'art ancien des Amérindiens, l'influence de la culture française est manifeste. Des explorateurs du XVIᵉ siècle aux surréalistes d'avant-garde, l'impact des Français a marqué, à bien des égards, les expressions artistiques et les cultures indiennes. Mettre en évidence le rôle de la culture française est une des nombreuses méthodes d'approche pour découvrir l'art des Indiens. Pourtant, une telle interprétation, fugace en l'occurrence, n'est pas l'unique catalyseur de cette exposition. Elle se justifie surtout par la beauté intemporelle de l'art amérindien, à qui elle rend hommage.

Jacques Cartier fut le premier Français à marquer ostensiblement l'Amérique du Nord, lors de ses navigations jusqu'à Terre-Neuve et la baie de Gaspé au Québec, en 1534. Cependant, d'après le rapport du voyage de Jean Cabot en 1497, les pêcheurs français, portugais, anglais et basques connaissaient déjà bien le territoire et ses inépuisables – semblait-il – ressources de pêche. Cartier renouvellera ses missions exploratoires en 1536 et une dernière fois en 1541. L'ambition de découvrir le passage du Nord-Ouest menant aux richesses des Indes fut le moteur de ces premières incursions. Pour étudier les Iroquois du Saint-Laurent, qui avaient quitté définitivement la région lors de la venue de Samuel de Champlain en 1603, les chercheurs d'aujourd'hui s'appuient sur les derniers rapports de Jacques Cartier et sur ceux du cosmographe du roi André Thevet, un de ses contemporains, ainsi que sur des recherches archéologiques.

Établissant ses quartiers d'hiver au Québec en 1541, Cartier construisit un fort dans l'espoir d'y installer la première colonie française, dont l'implantation, prévue pour l'année suivante à Stadacona (ville de Québec), avorta.

Malgré la lenteur de l'entreprise française au Québec, le cartographe et explorateur Samuel de Champlain fonda Québec sur le Saint-Laurent en 1608, en espérant faire de la nouvelle colonie un avant-poste puissant de l'impérialisme français. Il effectua pendant douze années (1603-1615) de nombreuses explorations le long la côte Atlantique, sur le Saint-Laurent et jusqu'aux grands lacs. Le Français naviguait souvent dans des canoës d'écorce de bouleau, mode de transport indigène qu'il préférait aux lourdes embarcations européennes. À l'instar de Cartier, Champlain laissa derrière lui de nombreux écrits et études sur la Nouvelle-France. Il inaugura les échanges culturels en plaçant de jeunes Français dans des familles indiennes et des jeunes Indiens algonquins et hurons dans des familles françaises, afin que chacun puisse comprendre le mode de vie de l'autre. C'est ainsi que le jeune Français Étienne Brûlé vécut une année parmi les Hurons. Il apprit leur langue et leur culture et les quitta prêt à réussir sa vie de coureur de bois.

Les *coureurs de bois,* tout comme les *voyageurs* [1] et les Indiens, étaient indispensables pour ravitailler l'Europe – via Montréal – en manteaux de fourrure et, surtout, en chapeaux de poil de castor, mode qui faisait fureur sur le continent. Les *coureurs de bois* travaillaient à leur compte et les *voyageurs* pour celui des compagnies de traite. Ils entretenaient des relations étroites avec les autochtones, adoptaient leurs coutumes et épousaient leurs filles. Les compétences de leurs épouses indiennes leur permettaient de survivre dans la nature et, de surcroît, ces dernières leur servaient souvent d'interprètes dans les moments décisifs. Les premières rencontres entre les Indiens et les Blancs furent une période d'enrichissement culturel ; chaque culture, étant encore l'égale de l'autre, adoptait sans contrainte des coutumes venues d'ailleurs, ainsi qu'en témoigna le mélange des styles vestimentaires. Cependant, cette fusion dépassa les hommes impliqués dans le commerce des fourrures. Les Français des zones rurales s'habillaient aussi, dans certains cas, à la manière des Indiens. Ces derniers avaient perfectionné leurs tenues pour supporter les rigueurs du climat froid et rude des Terres Boisées du nord-est. Pour les déplacements en hiver, ils adaptèrent aux raquettes leurs mocassins en peau efficaces contre le froid et l'humidité. Jusqu'à la fin du XVIIIᵉ siècle, les Européens parcourant les espaces sauvages se protégeaient les jambes avec des jambières en peau ou en tissu.

Les Montagnais-Naskapis fabriquaient des bourses en peau, utiles pour garder leur nécessaire à portée de main, qui devinrent des objets populaires parmi les colons. Réciproquement, la mode française affecta certains styles vestimentaires de ces Indiens, en particulier celui des manteaux en peaux de caribou peintes [2]. Installé sur les berges nord du Saint-Laurent, les chasseurs montagnais-naskapis considéraient le caribou comme un élément essentiel de leur système économique et religieux. Selon eux, un chasseur ne pouvait compter uniquement sur son habileté, il devait aussi reconnaître l'existence d'une relation réciproque entre lui et les esprits puissants de l'animal qui devinaient les intentions de l'homme. Pour affirmer cette relation et obtenir la coopération du caribou, il fallait honorer son esprit et lui témoigner du respect en s'habillant de ses plus beaux vêtements. Un Montagnais-Naskapi avait généralement deux épouses : une pour s'occuper des tâches quotidiennes et l'autre, une artiste avérée, pour peindre les visions [3] et rêves de son mari ; cette femme tannait la peau, reproduisait les dessins inspirés de la vision et confectionnait le vêtement. La tenue vestimentaire faisait partie du comportement rituel visant à harmoniser les puissances des esprits des animaux à celles du chasseur. Un manteau se portait en été ou par temps doux, mais son pouvoir ne durait qu'une année. Après cette période, un chasseur l'échangeait ou le vendait à des non-Indiens, qui appréciaient beaucoup ces vêtements [4].

Leur coupe était inspirée des manteaux des militaires français du XVIIe siècle. Les manteaux indigènes des deux sexes antérieurs à cette période avaient une coupe droite de forme tubulaire et s'ouvraient sur le devant, tandis que les manches séparées n'étaient retenues que par une couture à l'arrière des épaules. Certains modèles sans ouverture frontale, semblables aux parkas, s'enfilaient par la tête. Dès 1616, les missionnaires jésuites français rencontrèrent des indigènes avec des capotes françaises, manteaux de laine à capuchon ouverts sur le devant [5].

La transition entre le vêtement traditionnel indien ou la capote militaire française et le manteau décoré en peau de caribou, caractéristique du chasseur, a pu être le résultat de trocs successifs [6]. En 1639, le fils d'un chef local revint de France avec des cadeaux du roi et de la reine, dont des justaucorps, manteaux à la mode chez les soldats français (Burnham 1992). Pour entretenir de bonnes relations coloniales, les Français en offraient aux chefs indiens importants et influents dans leur tribu. Ces modèles étaient en laine ou en soie de grande qualité et finement brodés. Même si les Montagnais-Naskapis accommodèrent la coupe du justaucorps à basques élégantes à leur propre style vers 1700, les symboles décoratifs restaient chargés de significations indiennes. Le soufflet, pièce triangulaire au milieu du dos s'élargissant vers le bas et exceptionnellement agrandi, s'adaptait aux longues foulées des chasseurs. Généralement, sa largeur

correspondait à celle de l'ouverture. Cet empiècement triangulaire représentait le pic montagneux où réside le dieu du peuple des caribous, ces derniers quittant leur royaume pour s'offrir au chasseur respectueux [7]. Bien que la force du manteau fût symboliquement concentrée à cet endroit, le chasseur montagnais-naskapi croyait que c'était l'association du port de beaux habits, d'attitude respectueuse et de pratiques rituelles qui rendait le caribou coopératif. Enrichissant l'ensemble de la tenue, une écharpe finement tissée de fils de couleurs vives ceignait la taille pour fermer le manteau peint. Ces écharpes, parfois appelées *ceintures fléchées* [8] pour leurs motifs en pointes de flèche que Hurons, Micmacs et Maliseets affectionnaient particulièrement, pouvaient s'acquérir aux comptoirs des deux géants de la fourrure, la Compagnie de la Baie d'Hudson et la Compagnie du Nord-Ouest [9]. Plusieurs spécialistes pensent que leur tissage – en fait plutôt du tressage – dérive d'une ancienne technique indigène de tissage de fibres végétales [10]. Les Canadiens français commencèrent à produire leurs propres ceintures finement brodées au milieu du XVIIIe siècle. Bientôt la production prospéra si bien à L'Assomption, au Québec, qu'elle devint une industrie artisanale [11]. Les femmes françaises jouèrent aussi un rôle prépondérant dans le brassage artistique entre Indiens et non-Indiens. Dans les Terres Boisées de l'est, les Indiens utilisaient depuis toujours l'écorce du bouleau et le poil d'orignal à des fins soit utilitaires soit décoratives, mais jamais ensemble [12]. Les religieuses ursulines du Québec apprirent ces deux techniques distinctes, grâce aux jeunes huronnes qui fréquentaient les couvents. Les religieuses, expertes en broderie française avec des fils de soie, confectionnaient les vêtements ecclésiastiques destinés au clergé des églises nouvellement établies. Ce fil était un produit difficile à obtenir. Les ursulines le remplacèrent, vers 1700, par le poil d'orignal pour décorer des panneaux d'écorce de bouleau, utilisés dans la fabrication d'objets, tels que récipients et plateaux, ou encore canoës miniatures. Il est possible pourtant qu'une religieuse de sang huron et français ait initié cette technique de poil d'orignal sur écorce de bouleau [13]. Le commerce de ces articles finança en partie les activités des couvents. Ils étaient souvent envoyés en France comme cadeaux de remerciements, aux protecteurs et aux mécènes des religieuses. Ce genre artistique devenu à la mode fut pratiqué par les Anglaises et les Françaises vivant au Canada à la fin du XVIIIe siècle et au début du XIXe siècle. L'imagerie florale se développa beaucoup dans ce domaine et les ursulines initièrent sans doute les jeunes Indiennes à ce style. Sur les articles en poil d'orignal sur écorce de bouleau figurent aussi de scènes du genre « Bon Sauvage » en Arcadie, clichés inspirés par des écrivains français du XVIIIe siècle, comme le baron de La Hontan et Joseph-François Lafitau, tous deux décrivant les Indiens comme un peuple incorruptible et préservé de la civilisation [14].

Au début du XIXᵉ siècle, les huronnes devinrent les principales créatrices d'objets en écorce de bouleau décorés de poil d'élan, et la complexité de leurs compositions fit leur réputation.

Les Français établirent très tôt des contacts et des alliances avec les populations indiennes de la côte canadienne. Comme ceux de la Nouvelle-France, des explorateurs et expatriés de Nouvelle-Écosse, tels Marc Lescarbot et Nicolas Denys, prirent des notes inestimables sur les coutumes des Micmacs au XVIIᵉ siècle [15]. D'autres, comme le père Christian Le Clerq, un récollet, décrivirent la détresse culturelle et spirituelle des Micmacs victimes des ravages de la maladie, de l'alcool et des guerres entre Français et Anglais. En 1675, le père Le Clerq et l'abbé Maillard créèrent un système d'écriture basé sur la langue micmac. Le père Le Clerq introduisit peut-être le motif en forme de cœur chez les Micmacs et les Maliseets [16]. Au cours du XVIIIᵉ siècle, visiteurs comme résidents achetaient des objets décorés aux piquants de porc-épic [17]. Les plus populaires avaient une forme et une fonction familières aux Européens. Des récipients avec couvercles, des boîtes gigognes et des porte-monnaie constituaient des souvenirs prisés destinés à décorer l'intérieur des foyers. Les ursulines s'initièrent au travail de piquants de porc-épic, mais cette forme d'expression resta pour elles un art mineur [18].

Le bonnet pointu micmac de la collection Thaw révèle deux influences de la présence française en Amérique du Nord par la forme du bonnet et par l'utilisation de rubans. Les femmes micmacs adoptèrent les bonnets pointus portés par les Françaises – probablement des Bretonnes. Il devint partie intégrante de leur tenue traditionnelle aux alentours de 1700 [19]. Elles le transformèrent à leur goût, l'embellissant de perles et de rubans. L'apport minutieux de rubans sur les bordures de la coiffe rappelle la peinture traditionnelle sur vêtements en peau [20]. Le commerce international permit l'acquisition de rubans dès le début du XVIIᵉ siècle, mais la Révolution de 1789 provoqua une surabondance bien accueillie par les Indiens [21]. Elle fut rapidement absorbée par les Micmacs, les Maliseets, les Iroquois, les Indiens des Grands Lacs et ceux des Prairies. Sur certains bonnets un seul ruban orne la bordure, tandis que d'autres sont abondamment décorés de multiples rangées. Les femmes micmacs alignaient des rubans de différentes largeurs, des plus fins aux plus larges sur les bords. Les premières rangées, lignes fines et délicates, montrent la dextérité de la couturière, alors que les dernières exaltent la variété des couleurs et la richesse de la matière. Les bandes étroites sont délicatement découpées en dents de scie sur leur longueur, tandis que leur extrémité flotte librement en guise de frange [22]. Le bonnet micmac de la collection Thaw est l'un des mieux préservés et des plus élaborés en ornementation de ce type.

Dans la région des Terres Boisées et dans celle des Plaines, des trappeurs français, écossais et anglais épousèrent *à la façon du pays* [23] des femmes cree et ojibwa. Les enfants nés de ces mariages furent appelés Métis. Au début du XIXᵉ siècle, la population des Métis s'agrandit et commença à s'installer autour des postes de commerce et des forts où elle s'affermit en tant que puissance culturelle et politique. Les femmes Métis produisirent une des plus vibrantes expressions artistiques indiennes de l'Amérique du Nord, étant aussi habiles aux broderies en piquants de porc-épic qu'aux perlages ou broderies en fils de soie. Leur sens de l'esthétique pour les formes géométriques bien marquées découlait de leur héritage cree ou ojibwa, tandis qu'au contact des religieuses elles découvrirent les motifs floraux. Ces femmes créèrent alors un nouveau style où elles excellèrent, mélangeant les courbes, les motifs floraux stylisés ou figuratifs.

Les Métis, les *voyageurs* et les *coureurs de bois* se déplacèrent vers l'ouest en direction de la région du Plateau où des tribus vivaient dans le Bassin de la Columbia, limitrophe à l'ouest de la région de la Côte nord-ouest et à l'est, de celle des Plaines. Après l'acquisition des chevaux au début du XVIIIᵉ siècle, de nombreux Indiens du Plateau adoptèrent le mode de vie des tribus des Plaines. Certaines tribus furent baptisées d'un nom français, dont les Nez-Percés du Plateau. Impressionnés, les trappeurs français nommèrent « Nez-Percés » ces Indiens qui portaient une coquille de dentalium en ornement dans la cloison nasale. Aux débuts du commerce des fourrures, les Français identifièrent les « Gros Ventres » (Atsinas) parmi les tribus voisines des Plaines. Il en est de même pour les noms des tribus sioux « Sans Arcs » et « Brûlés » (Lakota). Le mot « Sioux » vient de la prononciation française de *Nadouessioux*, mot ojibwa signifiant « serpent », qui exprime clairement la situation conflictuelle existant alors entre les deux tribus. Cet usage de s'attribuer des noms entre cultures différentes n'était pas une nouveauté puisqu'il fut utilisé antérieurement avec les noms des Montagnais et des Hurons. Aujourd'hui de nombreuses tribus indiennes, soucieuses d'affirmer leur identité, préfèrent leur nom d'origine au nom français, pas toujours flatteur.

Arrivé au Canada en 1666, René-Robert Cavelier de La Salle parcourut la région des Grands Lacs, aujourd'hui frontière entre les États-Unis et le Canada, et se fraya un chemin le long du Mississippi jusque vers le centre des États-Unis. De retour en France, il obtint l'aide de Louis XVI et dirigea l'établissement d'une colonie à La Nouvelle-Orléans. Par ses rapports d'exploration au début des années 1680 et faisant aussi partie du projet colonialiste français, l'annexion de la région du delta du Mississippi devait conduire à freiner l'expansion anglaise vers le nord et vers l'ouest. Néanmoins, à la fin de la guerre de Sept Ans (1756-1763), la France vaincue abandonna le Canada aux Anglais et le territoire de la Louisiane aux Espagnols. Sous la poigne de fer de Napoléon, l'Espagne rétrocéda la Louisiane à la France en 1800. Pour l'Empereur cette riche région permettait d'approvisionner en nourriture les îles sucrières des Caraïbes et pouvait éventuellement servir de base pour reconquérir l'empire canadien perdu. Depuis la Révolution, Saint-Domingue était devenue pratiquement indépendante sous l'autorité de Pierre Dominique Toussaint L'Ouverture ; Napoléon, considérant que cette île était la clef du succès des opérations dans les Caraïbes, décida d'envoyer trois mille soldats pour affermir la position française. Bien que l'armée eût rapidement pris le contrôle de Saint-Domingue, la fièvre jaune décima les soldats, et la population locale reprit le pouvoir. L'économie sucrière en déroute, la réussite de l'entreprise dépendait d'un renfort de troupes envoyé d'Europe, décision que la menace d'une reprise de la guerre avec l'Angleterre, rendait hasardeuse. Napoléon, ayant besoin d'argent pour ses campagnes européennes et réalisant que le territoire de la Louisiane n'était plus d'actualité, choisit de le vendre aux Américains. Il justifia son acte par plusieurs raisons. L'argent de la vente lui procurerait des fonds nécessaires pour mener ses guerres européennes ; de surcroît les États-Unis, devenant plus puissants, freineraient l'expansion du Canada anglais dans la vallée du Mississippi et rivaliseraient potentiellement avec la flotte navale britannique.

Ainsi en 1803, la région des communautés françaises installées le long du Mississippi, de Saint-Louis à La Nouvelle-Orléans, et les vastes plaines d'Amérique du Nord furent vendues pour soixante millions de francs. Les Américains appellent encore les Grandes Plaines et tout le territoire à l'ouest du fleuve Mississippi, « The Louisiana Purchase ». Dans les décennies qui suivirent, des délégations de chefs de tribus des Plaines se déplacèrent pour rencontrer le président américain et signer de nouveaux traités. Un groupe de ces guerriers traversa Philadelphie en route pour Washington en 1826. Ils marquèrent tellement l'imagination de George Catlin, un étudiant en droit tourné depuis peu vers les arts, qu'il décida de devenir artiste et de décrire leur mode de vie. En 1832, il partit pour la ville de Saint-Louis et s'aventura dans les Plaines, immortalisant une vie spectaculaire en de nombreux dessins et peintures. Catlin voulait informer le public de la grandeur et de la majesté des cultures indiennes. Il créa une galerie de peinture et enrôla une troupe d'Indiens pour danser en costumes traditionnels. Après une tournée dans les plus grandes villes des États-Unis, il emmena sa troupe en Angleterre en 1839, où la bonne société ainsi que la reine Victoria et le prince Albert l'ovationnèrent. En 1845, il se rendit à Paris, produisant son spectacle aux Tuileries devant Louis-Philippe, puis en privé devant le roi à Versailles. Louis-Philippe avait descendu le Mississippi durant son exil aux États-Unis, dans les années 1790. Il connaissait le grand fleuve et eut sûrement l'occasion de rencontrer des délégations des Indiens des Plaines. La troupe de Catlin raviva ses souvenirs et il commanda à l'artiste une série de tableaux pour Versailles, dont le thème commémorerait l'expédition de La Salle et la colonisation du Mississippi.

Les Français n'étaient pas inconnus des peuples de la Côte nord-ouest et de la région arctique de Colombie britannique, ni à ceux de l'Alaska, bien que leur influence y fût moins forte que dans la région nord-est de l'Amérique du Nord. La fin de la guerre franco-anglaise permit aux capitaines expérimentés de mener à bien des expéditions scientifiques et coloniales. Louis XVI chargea Jean François de La Pérouse d'entreprendre un voyage qui le conduisit jusqu'aux côtes du Pacifique (1785-1788) [24]. Dans les expéditions scientifiques, on comptait des artistes, engagés pour reproduire tout ce qu'ils découvraient, mais aussi de talentueux amateurs, tels des officiers ou des membres d'équipage, qui dessinaient les paysages et les peuples inconnus qu'ils rencontraient. Les artistes embarqués à bord du navire de La Pérouse firent d'exceptionnels dessins des Tinglits du sud-est de l'Alaska. La Pérouse envoya une part considérable de ces travaux en France, mais en conserva un important volume sur le navire. Il disparut avec son équipage, après avoir quitté Botany Bay en Nouvelle-Galles du Sud en 1788.

À la fin du XIXe siècle, les musées européens et nord-américains se mirent à collectionner méthodiquement, dans un but scientifique et pour monter des expositions. Plusieurs collectionneurs privés organisèrent eux-mêmes des expéditions, dont celles d'Alphonse Pinart furent parmi les plus marquantes. Pinart finança plusieurs expéditions afin de recueillir des objets venant, entre autres, d'Alaska et de Colombie britannique [25].

Sa frénésie inquiéta les responsables des musées américains attachés à la Smithsonian Institution, anxieux d'acquérir de nouvelles pièces pour leurs filiales en développement sur la côte nord-ouest. La première expédition de Pinart eut lieu en 1871-1872, sur les îles Aléoutiennes et l'île Kodiak, au large de la côte sud-est de l'Alaska. Il en revint avec une quantité inestimable de masques koniag, chugach et aléoutes, qui se trouvent aujourd'hui au château-musée de Boulogne-sur-Mer [26]. Pinart est surtout célèbre pour son acquisition du fameux masque tsimshian du musée de l'Homme – son équivalent est au musée canadien de la Civilisation [27]. Pinart rassemblait aussi des articles archéologiques et ethnographiques sur la Californie, qui constituent aujourd'hui une partie des collections du musée du Trocadéro.

L'impact des rencontres avec les Français sur l'art des Amérindiens durant la période historique fut marquant, mais l'enthousiasme intellectuel et esthétique augmenta fortement dans les années trente et quarante, lorsque les marchands d'art et les surréalistes s'intéressèrent aux Esquimaux, aux Indiens des côtes nord-ouest et aux Pueblos du Sud-Ouest [28]. Charles Ratton, marchand d'art primitif et collectionneur avisé, était respecté pour la qualité des expositions qu'il organisa, dès les années trente, sur l'art primitif, africain, océanien et amérindien. Son enthousiasme éveilla l'intérêt d'autres collectionneurs privés. L'imagination déjà débordante des surréalistes s'enflamma devant les interprétations fantasques que les Yup'ik du Centre révélaient dans leurs masques. Les surréalistes s'initièrent à cette forme d'art lors de leur exil à New York durant la Seconde Guerre mondiale. À New York, ils avaient accès aux extraordinaires collections du musée de l'Art indien (MAI) à travers la galerie Julius Carlebach. Ils se dépêchèrent de constituer leurs propres collections. Pour résoudre des difficultés financières, le MAI dut se séparer de ses masques esquimaux et de la côte nord-ouest, qui furent remplacés par des copies. Cette aubaine profita aux surréalistes qui acquirent ainsi quelques-unes des plus belles pièces connues aujourd'hui. André Breton, Georges Duthuit, Pierre Matisse, Robert Lebel, Isabel Waldberg et Yves Tanguy furent les premiers touchés par cette ferveur qui émergeait. Les artistes restés en France considéraient la collection Pinart comme une source inestimable d'inspiration esthétique [29]. Dans l'opinion des surréalistes, les Esquimaux, les peuples du Nord-Ouest et les Pueblos parvenaient à matérialiser une spiritualité ancestrale où l'état de rêve éphémère était respecté, en contraste avec les opinions confuses et souvent méfiantes que la civilisation occidentale avait de ces cultures [30].

Aujourd'hui en France, les musées sont les bénéficiaires des premiers contacts entre les Français et les Amérindiens. Ainsi qu'il a été brièvement mentionné plus haut, les explorateurs et missionnaires français s'enthousiasmaient pour les arts indigènes et rapportèrent plusieurs objets pour étayer leurs expériences de voyages. Ainsi, des objets rares et importants recueillis pour des protecteurs royaux se trouvent maintenant dans de nombreux musées français [31]. Les Français firent d'importantes acquisitions durant les XVIᵉ et XVIIᵉ siècles, lorsque la passion de collectionner des objets curieux culmina.

On vit alors se développer les « cabinets de curiosité » où étaient exposés, dans la confusion, des objets indiens et des spécimens d'histoire naturelle ; ce genre d'amalgame malencontreux devint la méthode de présentation symptomatique des musées d'anthropologie du XIXᵉ siècle. Néanmoins, l'intention de ces collections était de faire découvrir dans un but didactique. Le marquis de Sérent organisa une des premières expositions de ce genre, sur le thème des costumes indiens [32]. Après une période de troubles, la Révolution détourna les cabinets de curiosité royaux, réservés à l'élite, pour les rendre accessibles à tous, dans des musées. Ces musées réussirent, malgré le morcellement des collections et la perte de documentation se rapportant aux objets, à préserver intactes une grande partie des pièces.

Des collections d'objets anciens relatifs aux tribus des Régions Boisées et des Plaines ainsi qu'aux Esquimaux se trouvent au musée de l'Homme au Trocadéro, à la Bibliothèque Sainte-Geneviève, au musée des Beaux-Arts de Chartres, au musée d'Angers, au château-musée de Boulogne-sur-Mer, au Muséum national d'histoire naturelle à Paris, au musée d'Arts africains, océaniens et amérindiens à Marseille, au musée du Nouveau Monde et à celui d'Histoire naturelle à La Rochelle [33].

Un intérêt mutuel pour les valeurs esthétiques et culturelles de chacun a défini les relations entre les Amérindiens et les Français. L'histoire en témoigne aujourd'hui.

Notes

1. En français dans le texte. Dans le parler des Français au Canada et des Canadiens français, le *coureur de bois* désigne le trappeur et le *voyageur* celui qui fait la traite des fourrures avec les Indiens pour son compte ou celui d'une compagnie de traite (NDT).

2. Burnham 1992.

3. La vision, quête spirituelle personnelle, pouvait s'obtenir en suivant des rituels complexes qui provoquaient un état hallucinatoire (NDT).

4. Burnham 1992, pp. 15, 25.

5. Burnham 1992, p. 7.

6. Burnham 1992, p. 9.

7. Burnham 1992, pp. 3, 13.

8. En français dans le texte.

9. Burnham 1981, pp. 46, 49.

10. Brasser 1976, p. 39.

11. Burnham 1981, p. 49.

12. Phillips 1998, p. 104.

13. Phillips 1998, p. 106.

14. Phillips 1999, p. 107.

15. Whitehead 1982, p. 5.

16. Whitehead 1982, p. 195.

17. Whitehead 1982, *ibid.*

18. Whitehead 1982, p. 34.

19. Whitehead 1980, p. 20.

20. Whitehead 1980, p. 24.

21. Brasser 1976, p. 38.

22. Whitehead 1980, p. 24.

23. En français dans le texte.

24. Henry 1984, p. 139.

25. Cole 1986, p. 52.

26. Rousselot *et al.* 1991.

27. Voir Duff 1975, pp. 160-167.

28. Fenup-Riordan 1996, pp. 160-270.

29. Feest 1984, p. 94.

30. Maurer 1984, pp. 546-548.

31. Vitart 1993, pp. 36-42 ; Brasser 1999, p. 49.

32. Vitart 1993, pp. 38-39.

33. Glenbow Museum 1987 ; Vitart 1993 ; Rousselot *et al.* 1991.

1. Manteau

Naskapi (Innu), Québec ; vers 1785-1800
Peau de caribou tannée à l'indienne, pigments, nerf
L. 1,15 m ; l. 1,67 m
T630
Provient d'une collection particulière, Nouvelle-Angleterre ; Kathleen Whitaker, Los Angeles, Californie ; Benson Lanford ; Fisher Collection, New York ; Jackson Street Gallery, Seattle, Washington.

KING 1996, pp. 36-37, fig. 1.

Les motifs peints sont géométriques et curvilignes. Leur signification symbolique est difficile à comprendre, mais certains éléments font référence à des concepts cosmologiques – des cercles figurant le soleil ornent les premiers manteaux des années 1750. Des croix aux bras égaux symbolisent sûrement les quatre directions. On retrouve souvent le motif à double courbe dans l'art du Pays des Forêts du nord, qui l'utilise comme principe d'agencement des motifs. Quelques chercheurs interprètent la double courbe comme une représentation de la végétation et donc de la croissance et de l'abondance ; d'autres chercheurs ne partagent pas cet avis.

2. Écharpe

Huron, Québec ; vers 1840
Fil teint aux pigments naturels
L. 3,92 m avec les franges ; l. 21,4 cm
T275
Angus Collection, Québec ; Walter Banko, Montréal, Québec.

Les écharpes ou ceintures perlées ont souvent leur tissage imbriqué de perles blanches pour donner un contraste de couleur et de texture. La frange elle-même est souvent enroulée ou tressée en haut alors que le bas est laissé long et libre. Les écharpes étaient portées tous les jours, et les plus décorées étaient réservées pour les habits de cérémonie. Elles sont toutes richement ornées de couleurs et de motifs.

3. Plateau

Huron, Québec ; 1847-1853
Écorce de bouleau, poil
d'orignal
H. 4,4 cm ; l. 39,3 cm
T283
James Bruce (1811-1863),
8ᵉ comte d'Elgin et 12ᵉ comte
de Kincardine, Dunfermline,
Écosse ; héritage de la famille
Elgin au 11ᵉ comte d'Elgin et
15ᵉ comte de Kincardine.

CANADA CULTURAL CENTRE
GALLERY 1985, p. 14 ; PHILLIPS
1998, p. 296.

4. Boîte

Huron, Québec ; 1847-1853
Écorce de bouleau, poils
d'orignal
H. 5,6 cm ; l. 21,2 cm
T284 a, b
James Bruce (1811-1863),
8ᵉ comte d'Elgin et 12ᵉ comte
de Kincardine, Dunfermline,
Écosse ; héritage de la famille
Elgin au 11ᵉ comte d'Elgin et
15ᵉ comte de Kincardine.

PHILLIPS 1998, p. 296.

5. Plateau huron

Huron, Québec ; 1838
ou 1847-1853
Écorce, poils d'orignal, fil
H. 6,3 cm ; L. 26 cm ; l. 6,3 cm
T39
James Bruce (1811-1863),
8ᵉ comte d'Elgin et 12ᵉ comte
de Kincardine, Dunfermline,
Écosse ; héritage de la famille
Elgin au 11ᵉ comte d'Elgin et
15ᵉ comte de Kincardine.

PHILLIPS 1998, p. 296.

La broderie de poils d'orignal est un travail astreignant. Les sœurs ursulines et les huronnes réalisaient de magnifiques images florales et reproduisaient des scènes de la vie des Indiens et leurs campements, ou encore la faune sauvage, comme les oiseaux et les renards.

6. Étui à couteau

Huron, Québec, Canada ; vers 1830
Peau teinte en noir, poil d'élan teinté, piquants de porc-épic, cônes métalliques, touffes de crin de cheval, ruban de soie
À l'intérieur, à l'encre noire : *N. America* [souligné] *Hide sheath for a knife with good quill work decoration* ; sur le revers, à l'encre noire : *10 July 1924* et au crayon : *18th century Iroq* ; sur l'envers de l'étui, au stylo à bille sur bande adhésive : *t 7.3*
L. 28 cm ; l. 8,5 cm
T36
Harry G. Beasley, Cranmore Ethnographical Museum, Chislehurst, Kent, Angleterre ; René Rasmussen, Paris, France (prêt du musée de l'Homme, Paris, 1930-1972) ; Pierre Bovis, San Francisco, Californie ; George Terasaki, New York.

Exp. Dijon, France ; MAURER 1977, p. 109, fig. 98 ; SOTHEBY'S, sept. 1990, lot 208 ; VINCENT 1995a, p. 24.

La huronne qui décora cet étui à couteau a constellé de fleurs délicates une subtile vigne courante, à l'intérieur d'une bordure rouge en piquants de porc-épic. La peau noire et les mèches rouges combinées au poil d'élan et à la broderie en piquants de porc-épic donnent un effet saisissant.

7. Porte-bébé

Mohawk, peut-être Kanehsatake,
Québec ; vers 1850
Laine, peau, métal, pigment
H. 84 cm ; l. 37,5 cm
T758
Collection particulière, Ontario
ou Québec ; Skinner's, Bolton,
Massachusetts.

SKINNER, mars 1998, couverture
et lot 350 ; Antiques and the Arts
Weekly, 27 février 1998, p. 64 ;
AIAM, automne 1998, 21.

Au début de la seconde moitié du XIXᵉ siècle, les Iroquois proches de la région de Montréal commencèrent à utiliser un nouveau style de porte-bébé, richement peint et sculpté. Les parents exprimaient leur amour de cette manière. Les influences canadiennes et françaises se voient nettement dans les motifs en forme de cœur, les étoiles, les vases et les vignes sinueuses. Les compositions florales proliférèrent aussi dans la broderie iroquoise de la même époque. La composition du porte-bébé est sobre et date sûrement du milieu du XIXᵉ siècle.

8. Bonnet pointu de femme

Micmac, Nouvelle-Écosse ; 1847-1853
Tissu importé, rubans de soie et garniture, plumes d'autruche teintées, perles de verre
H. 37,5 cm ; l. 18 cm
T41
Offert à James Bruce, 8e comte d'Elgin et 12e comte de Kincardine ; gouverneur général
du Canada, durant son mandat de 1847 à 1853 ; transmis dans la famille Elgin
au 11e comte d'Elgin et 15e comte de Kincardine.

WHITEHEAD 1987a, p. 25, fig. 13 ; WHITEHEAD 1987b, p. 205, E40 ; VINCENT 1995a, p. 25 ;
exp. THE 45TH ANNUAL WINTER ANTIQUE SHOW, 14-25 janvier 1999, Seventh Regiment
Armory, New York.

Les femmes qui confectionnèrent ce bonnet s'appliquèrent à choisir les plus belles matières. Elles le taillèrent dans une exceptionnelle étoffe d'importation, rouge et bleue. Il est décoré de plumes d'autruches teintées et de médaillons de rubans formés de couches successives de cercles concentriques et de pattes rayonnantes suggérant un soleil.

9. Petit tapis *(non reproduit)*

Micmac, New Brunswick ou Nouvelle-Écosse ; vers 1870
Piquants de porc-épic, écorce de bouleau, perles de verre, ruban de soie
L. 45,5 cm ; l. 35,5 cm
T298
Jay Leff, Pennsylvanie ; William Channing, Santa Fe, Nouveau-Mexique.

10. Petit tapis

Micmac, New Brunswick ou Nouvelle-Écosse ; vers 1870
Piquants de porc-épic, écorce de bouleau, perles de verre, tissu, bordure en soie
L. 46 cm ; l. 58,5 cm
T297
Collection particulière, Munich, Allemagne ; William Channing, Santa Fe, Nouveau-Mexique.

La plupart des petits tapis ont un bord droit ou une forme ovale et datent de la fin des années 1850. Ceux de la collection Thaw ont des bordures extrêmement ouvragées.

11. Coiffe de plumes

Teton Sioux (Lakota), Nord et Sud Dakota ; vers 1900
Plumes d'aigle, duvet, feutrine, piquants de porc-épic, tissu rouge, perles de verre, fil, peaux d'hermine, crin de cheval
Sur un pendentif d'hermine, un tissu rouge rectangulaire inscrit à l'encre noire : *D.D.11*
H. 66 cm ; l. 50,8 cm
T60
Gouvernement français par le maréchal Foch, Paris ; musée de l'Homme, Paris ; Daniel Dubois, Paris ; René Rasmussen, Paris ; Pierre Bovis, Santa Fe, Nouveau-Mexique ; cadeau d'Arnold Alderman, New Haven, Connecticut, en l'honneur d'Eugene V. et Clare E. Thaw.

VINCENT 1995a, couverture et p. 35.

Au milieu du XIXe siècle, les Indiens des Plaines étaient devenus familiers aux Parisiens grâce au fameux peintre américain George Catlin. Pendant sa période parisienne, vers la fin des années 1840, Catlin réalisa pour le roi Louis-Philippe une vingtaine de tableaux sur les Indiens (Troccoli 1993, p. 28) et produisit une troupe de danseurs iowas qu'il fit venir d'Amérique. Son œuvre impressionna bon nombre d'éminents artistes et auteurs français (Dubois et Berger 1978, p. 175). Au musée du Louvre, Catlin exposa une large sélection de ses peintures, dont beaucoup décrivaient les Indiens des Plaines.

Sans tenir compte des disparités notoires entre les Indiens d'Amérique, la coiffe du guerrier des Plaines est encore perçue comme l'emblème de toutes les cultures indiennes. Peu de temps après la fin de la Première Guerre mondiale, des vétérans de guerre indiens présentèrent cette coiffe sioux (Lakota) au gouvernement français par le biais du maréchal Foch, commandant en chef des forces alliées. Les leaders indiens ont pour tradition d'offrir des coiffes de plumes aux leaders politiques et nationaux, comme symbole de respect entre les nations.

12. Gantelets

Plateau, Idaho, Oregon ou Est de Washington ; vers 1890-1910
Gants de commerce en peau, perles de verre
L. 27,9 cm ; l. 17,7 cm
T400 a, b
James Waste, Californie ; Butterfield & Butterfield, San
Francisco, Californie ; Morning Star Gallery, Santa Fe,
Nouveau-Mexique.

Exp. Palais du Trocadéro, 1931, p. 19 (hypothétiquement) ;
HERBST, KOPP 1993, p. 89, pl. 85, fig. 10 ; ATHINEOS 1993, p. 30 ;
exp. MOONH 1994-1995 ; exp. SITES 1997-1999 ; BUTTERFIELD &
BUTTERFIELD 1988, lot 4065.

Au début du XIVe siècle en Europe, de petites plaques de métal étaient attachées aux gantelets en guise de protection. Les gantelets à bordures larges apparurent au milieu du XIVe siècle comme équipements d'armures françaises et anglaises. Durant les siècles qui suivirent, les chefs militaires français et les nobles portaient des gantelets de tissu, en particulier pour aller à la chasse. Les militaires français les importèrent en Amérique du Nord où l'armée américaine les intégra à l'uniforme de la cavalerie. Vers la fin du XIXe siècle, les Indiens des Plaines et de la région du Plateau adoptèrent ces gantelets dans leur tenue équestre d'apparat.

13. Gilet

Sioux-Métis, Sud Dakota ; vers 1880
Peau de caribou, perles de verre, boutons de laiton, biais en coton
H. 53,3 cm ; l. 45,7 cm
T73
Paul Coze (1903-0974), acquis au Canada, vers 1928-1938 ; Walter Banko,
Montréal, Québec.

Ce gilet faisait partie de la collection de Paul Coze, un expatrié français passionné par l'étude des cultures des Indiens des Plaines et du Sud-Ouest. Coze est connu pour son importante contribution à la connaissance de l'art des Indiens, en tant qu'auteur, artiste, conférencier, producteur de films et collectionneur. Il travailla avec René Thévenin à la publication de la première histoire en français des Indiens des Plaines. Au musée du Trocadéro à Paris, Coze organisa la première exposition française sur l'art indien canadien en 1931 et, quatre années plus tard, la première exposition européenne sur l'art indien contemporain du Sud-Ouest (Banko, vers 1998).

14. Masque de grue

Yup'ik du Centre, Alaska ; vers 1900
Bois, plumes de harfang, plumes de canard « old squaw », plumes de queue de canard, plumes de grue du Canada, plumes d'oie, roseau, algue de mer arctique, ocre, charbon de bois
Sur le dos, à l'encre noire : 9/3416
H. 1,63 m ; l. 63,5 cm ; ép. 38,1 cm
T651
Adam Hollis Twitchell, Tethel, Alaska ; Heye Foundation / MAI (9/3416) ; Julius Carlebach, New York ; Pierre Matisse, New York ; don de Mᵐᵉ Pierre Matisse en l'honneur d'Eugene V. et Clare E. Thaw.

KING 1996, p. 42, fig. 7 ; FIENUP-RIORDAN 1996, p. 13.

Les artistes surréalistes notèrent une sensibilité analogue entre l'art et l'idéologie des Indiens d'Amérique du Nord et des Esquimaux. Ce masque yup'ik du Centre représente une grue en vol prête à se poser. Cela symbolise peut-être l'arrivée du petit protecteur de chaman qui est attaché sur sa poitrine. L'inua du masque, qui personnifie son esprit ou son âme, est représenté au centre. Les cerceaux en roseau qui entourent le corps de la grue représentent le monde supérieur de l'univers. Les surréalistes célébraient ces manifestations d'un savoir séculaire et le génie esthétique des artistes.

15. Masque

Bella-Bella (Heiltsuk) ou Haisa, Colombie britannique ; vers 1860-1880
Aulne, racine d'épinette, pigments bleu de Recket, rouge, noir et blanc
Sur le revers à la peinture rouge : *098* (ou peut-être *1860*) ; à la peinture
rouge : *A LHOTE*
H. 25 cm ; l. 19 cm
T522
André Lhote, Paris, France ; Damon E. Brandt, New York ; Stefan Edlis,
Chicago, Illinois.

ATHÍNEOS, 1993, p. 26.

Les surréalistes étaient aussi attirés par l'esthétique et le symbolisme des traditions de la Côte du nord-ouest. Les sculpteurs réalisaient une grande variété de masques, certains représentant des êtres mythiques, d'autres simplement des portraits de femmes ou d'hommes. Ce masque, qui appartint à André Lhote, est la représentation stylisée d'un visage masculin avec des peintures élaborées sur le front, les yeux et les joues.

16. Kachina

Hopi, Arizona ; vers 1900-1920
Peuplier, pigments
H. 40,6 cm ; l. 15,8 cm ; ép. 16,1 cm
T428
John Hill, Scottsdale, Arizona ; Lee Cohen, Scottsdale, Arizona ;
George Shaw, Aspen, Colorado.

Les surréalistes furent fortement attirés par le caractère surnaturel des poupées kachinas, ce qui renforça leur respect, à la fois pour les différentes réalités de l'au-delà et pour l'énergie créatrice de ces peuples dont les cultures survécurent à l'influence occidentale.

Le Pays des Forêts

Ted J. Brasser

L'art indien du Pays des Forêts de l'est reflète la rencontre et la fusion de deux cultures préhistoriques. Originaires de la région Ohio-Mississippi, si ce n'est de plus au sud, des sociétés sédentaires complexes vivant d'activités agricoles se développèrent. Leur idéologie et leur vision du monde stimulèrent un réseau de commerce et de guerres, comme nous le laissent entrevoir leurs expressions artistiques multiples. L'autre culture, plus ancienne et dont les origines remontaient à la Sibérie par le détroit de Behring, se rencontrait dans les forêts du nord du Canada. Là vivaient les chasseurs du nord, nomades au mode de vie rythmé par la migration annuelle des troupeaux de caribous.

Les créations indiennes, qu'il est désormais convenu de qualifier d'« art », reflétaient leur vision du monde essentiellement orientée sur le chamanisme et la croyance dans les esprits des animaux.

Durant les nombreux siècles précédant l'invasion européenne, les cultures de ces agriculteurs du sud et de ces chasseurs du nord n'ont que peu d'influence l'une sur l'autre. Entre eux s'étendait un vaste territoire dans lequel l'essor de l'agriculture avait tout juste atteint les limites de l'extrême nord, lorsque les premiers visiteurs blancs arrivèrent le long des côtes atlantiques.

La venue des Européens bouleversa cet univers indien à tout jamais. Bien avant que les Blancs ne s'enfoncent à l'intérieur des terres, les épidémies qui les précédaient les avaient annoncés. Leurs carnets de route sont de précieuses sources d'informations sur les sociétés indiennes, et le plus ancien rend compte des effets dévastateurs de l'effondrement démographique, causé par des virus et des bactéries inconnus sur le continent. Pourtant, partout les peuples indiens se montraient impatients de rencontrer ces pourvoyeurs de biens merveilleux, tels les couvertures, les perles, les outils en métal et les marmites en cuivre. En échange de ces articles, les négociants pouvaient acquérir des peaux de castors et autre petit gibier à fourrure. Petit à petit, l'artisanat et les matières premières indigènes furent abandonnés, rendant les Indiens économiquement tributaires de la pelleterie. Les biens manufacturés importés, tels les textiles, n'étaient pas toujours de meilleure qualité que ceux des autochtones, mais ils conféraient du prestige à leurs propriétaires. L'introduction des perles de verre eut un impact très fort sur l'art indien, supplantant graduellement les matériaux traditionnels, surtout lorsque le tissu se substitua à la peau tannée.

Tout en se procurant divers articles d'importation, les Indiens s'initièrent aux technologies européennes, et montrèrent une remarquable ingéniosité stimulée par leur envie d'expérimenter ces nouveautés. Parmi les tribus proches des colonies françaises de la vallée du Saint-Laurent, un style de motifs curvilignes, peints sur des vêtements en peau dans le nord du Québec et réalisés avec des perles blanches par les Iroquois et les Indiens des provinces maritimes, devint populaire après 1700.

Alors que les Indiens étaient parvenus à s'adapter au rythme du commerce de la fourrure, le monde autour d'eux changea de nouveau. Lorsqu'un nombre grandissant de colons établirent des fermes et que les Britanniques affirmèrent leur supériorité dans la région, le commerce des fourrures s'éloigna vers l'ouest, privant ainsi les Indiens du moyen d'obtenir les biens dont ils étaient devenus dépendants. Les nouveaux dirigeants les poussèrent à signer des traités qui les confinèrent dans des réserves et les obligèrent à se déplacer plus à l'ouest.

Dans leurs efforts pour s'accoutumer au nouvel environnement économique, plusieurs de ces Indiens se mirent à confectionner des paniers tressés en fines éclisses de bois. Introduite par les colons suédois et allemands de la vallée de la Delaware, cette technique fut adoptée par les tribus locales au début du XVIIIe siècle, puis suivit l'avancée du commerce de la fourrure vers l'ouest et jusque dans la région des Grands Lacs.

Issu des écoles religieuses et s'épanouissant dans la période coloniale, le style floral fut intégré au style curviligne et remplaça les anciens dessins géométriques. Du fait du rôle qu'elles occupaient dans l'économie tribale, les femmes s'adaptèrent mieux aux mutations que les hommes. L'art et l'artisanat indiens, dans la mesure où ils ont survécu, doivent se comprendre dans ce contexte socio-économique. Progressivement, une multitude d'objets « indiens », différents des modèles traditionnels, furent réalisés pour répondre à la demande touristique.

Après la Seconde Guerre mondiale, un changement d'attitude de la population et de la société permit à de plus en plus d'Amérindiens d'améliorer leurs conditions de vie et de réaffirmer leur identité culturelle. Les artistes amérindiens sont les précurseurs de cette renaissance, tirant leur source d'inspiration de leur univers traditionnel tout comme du monde artistique moderne. En repensant aux dramatiques évolutions de ces derniers siècles, nous sommes stupéfaits de constater avec quel formidable esprit d'innovation les créateurs indiens se sont adaptés chaque fois qu'ils furent confrontés à l'impact de la culture européenne.

17. Mocassins

Huron, Québec, Canada ; 1838/1847-1853
Peau teinte en noir, poil d'orignal, fil de coton, doublure en soie, biais et ruban
L. 23 cm ; l. 7,5 cm
T38 a, b
Probablement acquis par Lady Mary Louisa Lambton en 1838, ou par son mari, James Bruce, 8e comte d'Elgin et 12e comte de Kincardine, pendant son séjour de 1847 à 1853 ; transmis dans la famille Elgin au 11e comte d'Elgin et 15e comte de Kincardine en 1990.

PHILLIPS 1987b, p. 52, W69 ; PHILLIPS 1998, pl. 24 ; exp. THE 45TH ANNUAL WINTER ANTIQUES SHOW, 14-24 janvier 1999, Seventh Regiment Armory, New York.

Au XIXe siècle, les broderies de la tribu huronne Lorette perdirent leur ancienne complexité traditionnelle en s'adaptant au goût victorien. La brodeuse huronne qui confectionna ces mocassins fit néanmoins preuve d'un grand savoir-faire (voir Turner 1955, frontispice, p. 76 ; Dockstader 1962, fig. 24 ; Hodge 1973, p. 15, fig. 43).

Ce modèle n'a jamais été utilisé et est en parfait état de conservation ; de ce fait, ces mocassins furent inclus dans l'exposition *The Spirit Sings*.

18. Louche avec effigie

Wyandot, nord de l'Ohio ; vers 1750
Bois
H. 23 cm ; L. 7 cm
T32
Collection particulière, Massachusetts ;
Sotheby's, New York ; André Nasser, New York.

Sotheby's, octobre 1982, lot 132 ; VINCENT 1995a,
p. 23.

La figurine assise sur le sommet du manche et tenant un baril de rhum est un magnifique exemple de la sculpture anthropomorphe des Indiens wyandots du milieu du XVIIIe siècle.

Après l'anéantissement des tribus huronnes par les Iroquois en 1649, beaucoup de réfugiés s'enfuirent vers l'ouest pour parcourir la région supérieure des Grands Lacs. Ils furent connus sous le nom de Wyandots, une déformation de « Wendat », mot que les Hurons utilisaient pour se désigner eux-mêmes. En 1702, ils s'établirent dans la région de Détroit, gagnant peu de temps après le nord de l'Ohio. Le thème du personnage qui boit à même le baril se retrouve dans quatre modèles de fourneaux de pipe d'origine wyandot : deux au National Museum of the American Indian, un au British Museum, un autre sur un modèle en bois dans la collection de Donald D. Jones à Kansas City. Une louche avec effigie, curieusement analogue, attribuée aux Mohawks, se trouve au Philbrook Art Center (voir Dockstader 1962, fig. 237 et 240 ; King 1977, p. 20, no 37, p. 36, p. 50, pl. 13 ; Wade 1986, p. 165, fig. 143). Cette dernière fut apparemment acquise au sein d'une communauté mixte d'Indiens wyandot et iroquois de l'Oklahoma septentrional. Le baril de rhum fait sûrement référence à la consommation rituelle de cet alcool lors des cérémonies annuelles du culte des panthères blanches, pratiqué par les Wyandots. Ce culte chamanique était dédié à Ontarraoura – le dragon géant ressemblant à une panthère –, maître du monde des profondeurs. L'absorption de rhum provoquait des états hallucinatoires.

19. Sac

Seneca Iroquois, New York ; vers 1840-1860
Laine, soie, perles de verre, paillettes, coton
H. 15 cm ; l. 15 cm
T689
William Channing, Santa Fe, Nouveau-Mexique.

Les sacs iroquois minutieusement brodés de la première moitié du XIXᵉ siècle donnent un riche aperçu du style linéaire précoce de perlage au point appliqué. Autour de 1800, les femmes iroquoises se mirent à produire des sacs brodés de perles, principalement pour les vendre aux voyageurs et aux touristes non indiens (Harding 1994, p. 9).

La fin de la guerre de 1812 et l'ouverture du canal Érié dans le nord de l'État de New York en 1825 contribuèrent à dynamiser cette nouvelle activité. La Révolution américaine laissa la Confédération iroquoise divisée et politiquement défaite, de même qu'appauvrie par la réduction de son territoire. Le mode de vie axé sur l'économie de la chasse et du commerce des fourrures avait pris fin. Les femmes iroquoises se mirent à tirer parti de leur virtuosité au perlage pour procurer à leur foyer un nouveau, et souvent unique, moyen de subsistance. La méticulosité des Iroquoises suscitait l'intérêt des colons, comme le note Elizabeth Simcoe, épouse anglaise du premier lieutenant-gouverneur du Canada septentrional, dans son journal du 9 février 1796 : « Un Mohawk, nommé Jacob, et sa femme sont venus ici. Ils sont très beaux et bien habillés. Elle brode remarquablement bien tous les motifs qu'on lui demande. » (Innis 1965, p. 173.) La remarque de Simcoe semble indiquer que les brodeuses iroquoises exécutaient sur commande les motifs que les femmes des colons leur demandaient. Les femmes américaines, canadiennes et anglaises appréciaient beaucoup le perlage iroquois et achetaient ces souvenirs prisés qu'elles gardaient ou offraient à leurs familles et amis.

Les Iroquoises portaient des sacs assortis aux magnifiques perlages de leurs jupes, jambières et mocassins d'apparat. Les femmes senecas étaient réputées pour la confection de ces sacs. Un daguerréotype datant de 1849 nous montre Caroline Parker, femme d'une puissante famille Seneca, tenant un de ces sacs. Henry L. Morgan travailla de près avec la famille Parker à la fin des années 1840 et au début des années 1850, et dans son rapport de 1849, ce style de perlage est reproduit sur des planches en couleur.

On peut voir des prototypes de sacs iroquois finement perlés sur des aquarelles du début du XIXᵉ siècle représentant des femmes américaines (voir NYSHA N198.51 et N323.61 ; Winter Antiques Show 1996, p. 84). Bien que le modèle de ces sacs ne soit pas indien, l'esthétisme en était iroquois. Les éléments géométriques et curvilignes, telles les doubles lignes courbes et spirales, traditionnellement travaillés en piquants de porc-épic, furent réalisés en perlage. La récurrence des motifs entre les sacs et autres articles iroquois est notoire sur les mocassins perlés du début du XIXᵉ siècle, ainsi que sur ceux où se combinent perlage et travail aux piquants de porc-épic (voir AIAM Winter 1995, p. 8 ; Penney 1992, pp. 72-73, pl. 7).

Certaines pièces sont exécutées assez sobrement alors que d'autres sont extrêmement raffinées. Sur quelques sacs, le graphisme semble faire référence au symbolisme cosmique. On retrouve souvent le thème des quatre directions cardinales ainsi que celui du Grand Arbre de Paix. Les autres thèmes de perlage sont abstraits, hormis parfois quelques images stylisées d'éléments naturels, probablement inspirées par des rêves ou des visions. Tel est sûrement le cas pour deux autres sacs singuliers (voir Sotheby's juin 1976, lot 499) dont la décoration évoque un oiseau de proie. La plupart sont simplement garnis de motifs géométriques.

Les sacs iroquois décorés au perlage linéaire datent de 1800 à 1860. Ce mode de perlage fut supplanté au milieu du XIXᵉ siècle par deux autres styles. Des touches de motifs floraux stylisés, brodés en perles sur tissu noir ou sur velours, gagnèrent en popularité et restèrent en vogue durant près de quarante années.

La palette des teintes se limitait généralement à quatre couleurs, bien que chacune fût toujours travaillée en deux nuances. Vers les années 1860, on remarque sur des photographies prises aux chutes du Niagara des femmes iroquoises avec des ouvrages en perlage d'inspiration victorienne.

Le perlage iroquois a une histoire riche et impressionnante et les Indiens comme les non-Indiens lui reconnaissaient une grande valeur esthétique. Aujourd'hui cet esthétisme éveille encore beaucoup d'intérêt.

Sherry Brydon

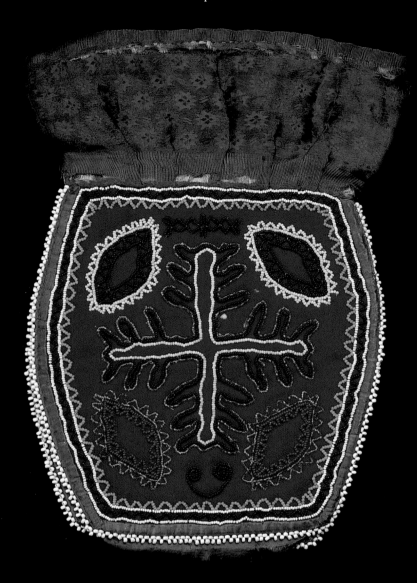

20. Sac

Seneca Iroquois, New York ; vers 1840-1860
Tissu, bordures en soie, perles de verre, doublure coton satiné
À l'intérieur, tapé à la machine sur une étiquette en tissu :
FL79.7.6
H. 23 cm ; l. 18 cm
T672
William Channing, Santa Fe, Nouveau-Mexique.

21. Sac

Seneca Iroquois, New York ; vers 1840-1860
Velours, extra-forts en soie, perles de verre, doublure en coton et crêpe
Intérieur, à l'encre noire : *n/* [?]
H. 15 cm ; l. 15 cm
T677
William Channing, Santa Fe, Nouveau-Mexique.

Exp. Herbert F. Johnson Museum of Art, Ithaca, New York, juin-août 1997 ; Aspen Art Museum, juin-juillet 1998.

22. Sac

Seneca Iroquois, New York ; vers 1840
Velours, soie, perles de verre, coton
Sur l'envers du rabat du haut, à l'encre noire : *12L* ; à
l'intérieur, inscription à l'encre noire : *Bought in 1843 by /
Miles Coble*
H. 18 cm ; l. 15 cm
T687.

D'AMBROSIO 1999, p. 602, pl. XV, p. 603.

23. Sac

Seneca Iroquois, New York ; vers 1840-1860
Laine, extra-forts en soie, perles de verre, doublure en
coton
H. 18 cm ; l. 15 cm
T698

William Channing, Santa Fe, Nouveau-Mexique.

24. Sac à pans, en peau

Ottawa ou culture proche, région des Grands Lacs ; vers 1790
Daim teint en noir, piquants de porc-épic, extra-forts en soie, touffes de poils, cônes métalliques
À l'intérieur, inscription à l'encre noire : *Tobacco pouches of Delaware or "Little Indians" 1793* et sur le revers, à l'encre noire : *Mr. John Jackson*
L. 50 cm ; l. 15 cm
T8
Acquis par le colonel Return Jonathan Meigs dans l'Ohio, entre 1787 et 1801 ; succession de la famille (d'après laquelle Meigs aurait acquis ce sac des Indiens Delaware locaux en 1793), de même que le « Panel Bag » T9, également acquis par le colonel Meigs ; Sotheby's, New York.

Sotheby's novembre 1991, lot 88 ; VAN NORMAN TURANO, 1992, pp. 46-B et 47-B ; VINCENT 1995a, p. 15 ; VINCENT 1995b, p. 68, pl. XII ; FEEST 1997, pp. 37-38, p. 36, fig. 4 et 5.

On connaît aujourd'hui une quinzaine de sacs en peau tannée en noir, ornés de piquants de porc-épic, avec deux pans frangés de touffes de poils teints en rouge et sertis dans des cônes métalliques (voir Painter 1991, pp. 69-70, fig. 80 ; Phillips 1984, p. 63, fig. 17, pp. 42-43 et p. 66, fig. 16, p. 42 ; Brasser 1976, p. 71, fig. 19 ; King 1982, p. 65, fig. 71-d ; Conn 1979, p. 53, fig. 53 ; Sotheby's, novembre 1988, lot 63). Ils proviennent de la même région et datent de la même époque que le sac noir présenté plus haut.

L'Oiseau-Tonnerre, figuratif ou abstrait, est le thème le plus courant sur ces sacs. Il est invariablement dessiné au-dessus d'un motif abstrait représentant des arbres ou des plantes terrestres. Dessous, figurent les reptiles du monde souterrain, symbolisés par des lignes diagonales sur les pans des sacs. Sur l'envers de cet exemplaire, on peut voir des tortues sous un alignement de symboles de plantes.

La forme même de ces sacs à deux pans représente probablement l'Oiseau-Tonnerre, personnifié dans la nature par l'épervier à queue fourchue. Le symbolisme des forces cosmiques, de même que sur d'autres sacs en forme de loutre, était sûrement lié à la Danse noire et ils furent probablement portés par les leaders de ce culte.

25. Fourneau de pipe avec effigie

Ojibwa de l'est, région est des Grands Lacs ; vers 1790
Bois d'érable, incrustations et plaquages en plomb
H. 7,5 cm ; L. 12,5 cm
Sur le fond, représentation d'une peau de loutre incrustée de plomb
T13
James Economos, Santa Fe, Nouveau-Mexique ; Taylor A. Dale, Santa Fe, Nouveau-Mexique.

AIAM Winter 1992: 7 ; VINCENT 1995a, p. 18.

On reconnaît des influences iroquoises et huronnes du XVIIᵉ siècle dans les effigies des fourneaux de pipes des Ojibwas de l'est. Bien qu'il ne reste pratiquement plus que des exemples en pierre, il est plus que probable que la sculpture de fourneaux en bois était répandue dans la basse région de l'est des Grands Lacs (voir Feder 1971a, p. 98, fig. 124 ; Phillips 1987b, p. 59, W99). Depuis le début de la période coloniale, les fourneaux en bois étaient gainés de métal.

Très souvent, la tête de l'effigie était dirigée vers le fumeur. Fumer la pipe favorisait la concentration des pensées tandis que l'effigie d'un esprit protecteur aidait à méditer sur une vision ainsi qu'à entretenir de bonnes relations avec cet esprit.

Le chevron décoratif sur le côté de la pipe, quoique rare, ressemble au motif décoratif d'une pipe similaire acquise dans la région de Detroit vers 1800 (voir Phillips 1984, p. 72, fig. 45, p. 46). Cette ressemblance et bien d'autres laissent à penser que ces fourneaux de pipes étaient l'œuvre de spécialistes réputés, de la région des Grands Lacs. Une incrustation en plomb en forme de peau de loutre orne le fond plat de la pipe de la collection Thaw, indiquant peut-être la valeur d'échange du fourneau. Les trous le long du corps de la pipe laissaient passer un lacet qui maintenait le fourneau au tuyau de la pipe.

26. Sac à bandoulière

Ojibwa, vers 1890
Perles de verre, velours noir, doublure en soie, coton, mèches de soie
dans des cônes en bois
L. 96 cm ; l. 33 cm
T17
Benson Lanford, Santa Fe, Nouveau-Mexique.

HODGE 1973, p. 59, fig. 228.

L'exécution en perlage sur métier à tisser de ce sac et de sa bandoulière est une version élaborée du motif en X, commun sur beaucoup de modèles primitifs d'origine ojibwa du sud-ouest. Le pan étroit de velours noir au-dessus de la poche est plutôt caractéristique des sacs à bandoulière attribués aux Potawatomis et Menominis du Wisconsin, ainsi que la bordure de petits losanges blancs. Les mèches de soie dans les cônes en bois, ainsi que la partie inférieure du sac, sont inhabituelles et ont sûrement été acquises, déjà confectionnées, dans un magasin de textiles ou une mercerie.

Un commerce intertribal dynamique, les *give-aways*[1] et le manque de documentation sur les sacs collectionnés rendirent difficile l'identification des styles. Malgré la profusion des sacs, la décoration de chacun est unique et témoigne de la virtuosité et de l'imagination fertile des femmes qui les réalisaient (voir Anderson et Hussey-Arnston 1986, p. 55, fig. 12 ; Maurer 1977, p. 114, fig. 108 et pl. 8). Pendant la deuxième moitié du XIXᵉ siècle, la production de ces pièces de collection – qui exigeaient un long temps de travail – devint probablement une véritable industrie artisanale, sûrement stimulée par la hausse des demandes venant des tribus de l'ouest mais aussi des communautés productrices, anxieuses d'organiser des cérémonies rituelles pendant ces premières années difficiles dans les réserves. Signes de richesse et de rang social, les sacs étaient souvent portés sur chaque épaule avec les bandoulières croisées sur la poitrine.

Note

1. Cérémonies de distribution de biens (NDT).

27. Sac à bandoulière

Ojibwa, Grands Lacs ; vers 1870
Perles de verre, velours, extra-forts en laine et fil de coton, renforcement en coton
H. 94 cm ; l. 33 cm
T20
Toby Herbst, Santa Fe, Nouveau-Mexique.

Des bandes de perlage, réalisées au métier à tisser, recouvrent la sangle de coton et la poche de ce sac. Cette poche a été cousue sur un bandeau de velours qui la dépasse en hauteur et sur lequel sont brodés des motifs floraux en perlage au point appliqué. Une seconde rangée de motifs floraux, plus grands, orne la bordure supérieure. Cette caractéristique a été observée sur quelques autres sacs à bandoulière des Ojibwas du Minnesota.

Il est à noter que le style le plus élaboré de perlage au métier à tisser est caractéristique de la première période de ces sacs. Ceci nous indique que cette méthode de travail était déjà bien développée avant que les Ojibwas du sud-ouest et leurs voisins ne l'adoptent, dans les années 1850. La technique et le style de perlage sont analogues à ceux des sacs trouvés chez les Métis de la rivière Rouge et des Crees du nord, dont plusieurs articles sont présentés dans la collection Thaw (voir Anderson et Hussey-Arnston 1986 p. 51, fig. 7 ; Hodge 1973, p. 45, fig. 178 ; Wooley 1990, p. 20, fig. H-96).

Ces tribus du Manitoba travaillaient déjà avec cette technique et dans ce style vers 1800, sinon avant.

Quand les Indiens des Grands Lacs les eurent adoptés, une multitude de types distincts se développa dans les communautés des réserves du Minnesota et du Wisconsin, permettant de les distinguer les unes des autres.

28. Bol avec effigie

Type Winnebago, Wisconsin ; vers 1860
Nœud de noyer, punaises de cuivre
H. 7,5 cm ; L. 15 cm ; l. 13 cm
T15
Paul E. Gray, Lebanon, Ohio.

La sculpture, sur des bols et des pipes, d'effigies humaines représentant généralement des esprits (pas nécessairement humains), était une coutume ancienne et répandue dans l'art des Indiens du Pays des Forêts (voir Dockstader 1966, fig. 221 ; Conn 1979, pp. 82-83, fig. 83 ; Penney 1992, p. 275, fig. 206). Afin d'éviter qu'ils ne se fendent ou se cassent, les Indiens taillaient les bols en bois de préférence dans de gros nœuds avec des fibres serrées et entrelacées. Avant l'introduction des outils en métal, on creusait les nœuds en les brûlant et en les raclant progressivement. Les larges bols avec effigie étaient généralement destinés aux fêtes religieuses, alors que les plus petits, comme celui-ci, devaient être utilisés par des hommes-médecine lors du traitement de leurs patients.

Le contenant illustré ici est, de toute évidence, l'œuvre d'un sculpteur émérite. Partant des épaules de l'effigie, deux arêtes latérales, suggérant les bras et délimitant les bords, se rejoignent en deux mains (ou pieds) diamétralement opposées à la tête. Le corps de l'effigie forme ainsi la coupe. Dessinés par deux petites semences en cuivre, les yeux de l'effigie fixant le fond du bol semblent en offrir le contenu.

40

29. Sac à bandoulière

Mesquakie ou Potawatomi, Iowa ou Wisconsin, vers 1900
Tissus, extra-forts en coton, perles de verre, mèches de fils
L. 96,5 cm ; l. 35,5 cm
T220
John Welsch, Fond du Lac, Wisconsin ; Richard Pohrt, Jr. ; Morning Star Gallery, Santa Fe, Nouveau-Mexique

Morning Star Gallery 1996, p. 28 ; The Magazine Antiques, juin 1996, p. 799.

Un sac décoré d'une composition similaire de feuilles d'érable et de grappes de vigne se trouve dans la collection du Milwaukee Public Museum (voir Torrence et Hobbs 1989, fig. 61, p. 125). Sa création, vers 1910, est attribuée à une femme mesquakie du nom de Sau Ki Ta Ne Qua, ou Mme Bill Leaf. Alanson Skinner observa que les grappes de vigne étaient les représentations les plus populaires dans les perlages de cette tribu. Néanmoins, les feuilles d'érable et les grappes de vigne ont été aussi remarquées dans les perlages au métier à tisser des Potawatomis, Winnebagos et Menominees du début du siècle. Les petites fleurs brodées au milieu des feuilles d'érable étaient aussi un motif courant dans ces tribus. Le grand pan central et le perlage floral curviligne sur le bandeau du haut sont des éléments décoratifs habituellement attribués aux Potawatomis. À l'intérieur de cette région, beaucoup de ces motifs sont caractéristiques d'une époque plutôt que d'une tribu particulière. Bien qu'appelé sac à bandoulière, celui-ci est un exemple du changement qui s'opéra au début du siècle : les sacs à bandoulière devinrent des panneaux décoratifs, n'ayant plus de poche pour transporter quoi que ce soit.

30. *Chemise longue*

Séminole, Floride ; vers 1920
Coton, crochets en métal et boutonnières
Étiquette Channing flottante imprimée : *0117*
L. 127 cm ; l. 155 cm
T309
Collection particulière, Midwest ; Jonathan Holstein,
Cazenovia, New York ; Joel et Kate Kopp, New York ;
collection particulière ; W. E. Channing, Santa Fe,
Nouveau-Mexique.

AIAM automne 1992 : page de garde de la couverture ;
Maine Antique Digest février 1995, vol. XXIII, n° 2, p. 2-B ;
KING 1996, p. 38, fig. 2.

Pour fabriquer ce vêtement caractéristique, de longues bandes de patchwork sont d'abord confectionnées puis cousues ensemble. La toile constituée est alors découpée pour fabriquer des « chemises » masculines ou des jupes pour les femmes et les filles.

31. Sac

Micmac, Nouvelle-Écosse ou New Brunswick ; vers
1840-1850
Laine de Stroud, perles de verre, ruban de soie, fils
H. 24,5 cm ; l. 20 cm
T778.

32. Sac

Micmac, Nouvelle-Écosse ou New Brunswick ;
vers 1840-1850
Laine de Stroud, perles de verre, mousseline,
soie, cordelette, fils
H. 28 cm ; l. 28 cm
T779.

Les sacs micmacs ornés de perlages aussi complexes sont rares. Les femmes, plutôt réputées pour le travail en piquants de porc-épic, donnent ici un exemple de leur habileté au perlage. Les brodeuses micmacs choisissaient la meilleure laine de Stroud rouge ou bleue, qui mettait en valeur la complexité du perlage. Les perles blanches dominent dans les grandes compositions géométriques alors que les plus petits détails sont en perles bleues, vertes et jaunes. Ce perlage minutieux se retrouve aussi sur les costumes d'apparat tels les manteaux des chefs, les capuches, les bonnets pointus, les mocassins et les écharpes.

Les Plaines

Ted J. Brasser

Attirées par les immenses troupeaux de bisons, de petites bandes de chasseurs nomades parcoururent les Plaines de l'Ouest pendant des millénaires. Toute partie du bison non comestible était utilisée à d'autres fins. La peau servait à la confection des vêtements, des tipis, des sacs, des boucliers et des sangles ; l'os se substituait au bois pour façonner différents outils ; les cornes étaient transformées en cuillères ; le nerf faisait un excellent fil à coudre.

Les Indiens s'adaptèrent parfaitement à l'environnement des Plaines en tirant parti des troupeaux de bisons, sans doute comme le firent leurs ancêtres du nord avec les caribous.

L'usage de tentes en peaux de forme conique, les motifs peints sur leurs vêtements, leur technique de chasse collective, leur langage et de nombreux autres traits culturels confirment, pour la plupart de ces peuples, des racines profondes dans les forêts du nord et du nord-est. Leur vision du monde était elle aussi issue du nord circumpolaire. Ils pensaient qu'une chasse fructueuse dépendait d'une interaction, personnelle et de caractère sacré, avec les esprits des animaux et les phénomènes naturels. Pour eux, les rêves et les expériences mystiques présageaient la réussite de leurs entreprises.

Ces rêves ou ces visions inspiraient le répertoire des images, peintes, brodées aux piquants de porc-épic ou sculptées, ornant les vêtements ou objets personnels. Les actions prestigieuses et, parfois, les rêves étaient transcrits en pictogrammes et en pétroglyphes ou en d'énormes agencements de pierres sur le sol. Néanmoins, la plupart des expressions artistiques se matérialisaient sur des objets facilement transportables, adaptés au mode de vie nomade. La créativité artistique n'était pas l'apanage d'artistes confirmés, bien que certains aient été, sans aucun doute, reconnus pour leur savoir-faire dans des domaines précis.

L'art en deux dimensions était soit figuratif, soit géométrique et abstrait. Les femmes privilégiaient ce dernier style pour la peinture ou la broderie aux piquants de porc-épic sur les vêtements et les sacs.

Beaucoup de ces motifs décoratifs étant censés découler de rêves personnels, les femmes héritaient de leur mère le droit exclusif de les utiliser. En les répertoriant, on pouvait identifier chaque tribu.

L'art figuratif, principalement masculin, racontait les exploits guerriers et de chasse ou révélait l'interprétation personnelle d'un rêve ou d'une vision. Son principal médium était la peinture, avec parfois des ajouts de pendentifs riches en symbolisme. Concernant d'abord la relation de l'homme avec les esprits naturels, beaucoup de ces symboles prirent plus tard une connotation martiale proche de l'héraldique. L'essentiel de l'art tridimensionnel, cristallisé sur le prestige et la spiritualité, fut l'apanage des artistes masculins. Les statuettes de bisons en pierre jouaient un rôle important dans les rituels pratiqués pour attirer ces animaux. D'autres effigies analogues furent gravées sur les fourneaux et les tuyaux des pipes cérémonielles, les manches de cuillères en corne, les rebords des bols, les embouts de casse-tête et les bâtons de cérémonie. Les chasseurs nomades adoptèrent cette forme de sculpture très probablement vers la fin de la période préeuropéenne, sous l'influence grandissante des cultures mississippiennes de l'est et du sud-est des Plaines. Originaire de ces régions de l'est, l'agriculture se propagea vers le nord, le long du Missouri et de ses affluents vers l'an 900 après J.-C. Les villages des agriculteurs sédentaires devinrent le centre d'un vaste réseau de troc intertribal et d'échanges transculturels. À l'aube de l'histoire écrite, les chasseurs nomades parcouraient les Plaines et vivaient en symbiose avec les communautés villageoises installées le long des principales rivières. Parmi ces nomades se trouvaient les ancêtres des Apaches des Plaines, des Kiowas et des Blackfeets ; les agriculteurs étaient les ancêtres des Wichitas, des Arikaras et de plusieurs tribus de langue siouan dispersées le long du Missouri.

Bien que quelques explorateurs espagnols soient passés par là avant, les premières influences européennes se propagèrent dans les Plaines au XVIIe siècle, par le réseau du troc entre Indiens. Depuis les colonies espagnoles du sud, les chevaux se répandirent dans le nord.

Vers la fin des années 1730, ils atteignaient les villages sur le Missouri, où ils s'échangeaient contre les premières importations européennes provenant des postes de commerce, français et anglais, des Grands Lacs et de la Baie James. Les tribus ne mirent pas longtemps à comprendre que les chevaux, les armes à feu et les comptoirs européens leur garantissaient un certain confort, comme la survie au milieu des guerres intertribales qui se multipliaient. Le cheval accrut la mobilité des peuples indiens, exacerbant les divergences entre tribus tout en favorisant l'émergence d'une culture propre à la région des Plaines.

Les chevaux, le troc de la fourrure et une pression coloniale indirecte incitèrent les Indiens des régions environnantes à devenir des chasseurs équestres dans les Plaines. Les vieux comptoirs indiens des bords du Missouri déclinèrent, lorsque l'intérêt des commerçants blancs se transféra aux chasseurs nomades. Il suffit de quelques générations pour que plusieurs tribus agricoles sédentaires adoptent le mode de vie des chasseurs nomades ; les Arapahos, les Cheyennes et les Crows sont parmi leurs descendants. Vers 1800, les derniers villages de riverains étaient devenus les îlots périclitants d'un monde séculaire. Un monde nouveau, plus individualiste, venait d'émerger autour d'eux, créé par l'adaptation des chasseurs nomades à l'élevage des chevaux et au commerce de la fourrure.

Les chevaux et les outils métalliques améliorèrent les conditions de vie ; les perles, les textiles et autres produits importés stimulèrent la prolifération de formes artistiques plus colorées, dont on faisait étalage lors des cérémonies en pleine expansion. Une élégante coiffe en plumes d'aigle se vulgarisa partout dans les Plaines ; elle allait devenir l'attribut caractéristique du stéréotype de l'Amérindien. Les masques pour chevaux, les décorations de selles, de martingales et autres harnachements reflétaient l'admiration et l'amour des Indiens pour leurs montures. La capture des chevaux devint l'enjeu majeur de la guerre et les voleurs de chevaux, victorieux, exhibaient pendant les cérémonies des bâtons sculptés en forme de cheval. La culture des Indiens des Plaines se concentra de plus en plus sur les exploits guerriers et l'acquisition de prestige par des dons ostentatoires lors des cérémonies de « distribution » *(give-away)*. Les richesses obtenues grâce aux chevaux et au commerce de la fourrure permirent à certains de devenir les possesseurs respectés de « sacs-médecine ». Ils pouvaient désormais éviter les sacrifices inhérents à la quête d'une vision, sans laquelle on ne pouvait auparavant obtenir ces objets sacrés. Au cours des années 1840, la nouvelle culture des Indiens des Plaines atteignit sa phase la plus florissante. Bien que le style traditionnel prédominât dans l'art et l'artisanat, des innovations sélectives y furent intégrées, telles que les perles de verre, les draps de commerce rouges ou bleus ou encore les motifs floraux comme sur les costumes d'apparat des Métis canadiens. Les styles artistiques se développèrent à l'échelle régionale, et au-delà de l'environnement des Plaines. Ainsi on peut nettement distinguer le développement de l'art des Plaines du Nord, du Centre et du Sud, en plus de l'art des villages riverains et de leurs voisins des Prairies de l'Est.

Quand la peau de bison devint un produit d'exportation majeur, le destin des grands troupeaux fut scellé ; leur extermination fut précipitée par les efforts de l'armée pour briser la résistance indienne. Vers 1850, la ruée vers l'or en Californie avait ouvert les Plaines aux longues caravanes d'émigrants ; ce flux s'accrut quand ce métal précieux fut découvert dans les Black Hills. Alors que le commerce de la fourrure déclinait, la pression de l'immigration américaine s'accentua après la guerre de Sécession, avec l'extension du réseau ferroviaire. Poursuivant leur résistance désespérée, les Indiens furent forcés à signer des traités qui les cantonnèrent dans des réserves. Glorifiant leur passé, les vieux guerriers indiens exécutèrent de nombreuses peintures narratives, sur des registres ou des blocs-notes. Ces chroniques sur papier de la vie dans les réserves succédèrent, avec plus de détails dans la description des épisodes guerriers, aux récits de batailles initialement peints sur peau. Les œuvres anciennes montraient de simples silhouettes à peine ébauchées. Le temps passant, les peintures décrivirent principalement les cérémonies et autres souvenirs nostalgiques, surtout quand elles furent faites dans un but commercial.

Un demi-siècle passa, pendant lequel les gouvernements paternalistes américain et canadien se mirent en devoir de supprimer toute forme d'expression de la culture autochtone. Néanmoins, pendant cette sinistre période, les Indiennes réussirent à produire une énorme quantité de perlages, décorant les harnachements des chevaux et les costumes portés à l'occasion des fêtes. Les motifs floraux perdirent de leur attrait quand les musées, les collectionneurs privés et les boutiques pour touristes montrèrent leur préférence pour les motifs géométriques « traditionnels ». Depuis la Seconde Guerre mondiale, les conditions de vie de la population indienne, en pleine croissance, se sont peu à peu améliorées ; l'art indien a fait preuve d'une vitalité surprenante durant ces dernières années.

33. Pipe

Sioux Santee (Dakota), Minnesota ; vers 1820
Bois, catlinite, crin de cheval, scalp et bec de pic-vert, plumes de malard,
lacets en daim, incrustation de plomb, pigments rouge et noir
Tuyau : L. 101,5 cm. Fourneau : H. 7,5 cm ; L. 12,5 cm
T53 a, b
Acquis par R. VandenBergh au Crow Agency Trading Post, Montana ;
Toby Herbst, Santa Fe, Nouveau-Mexique.

Vincent 1995a, p. 34.

Le tuyau aplati en bois est décoré, dans sa partie supérieure teinte en noir, d'incisions peintes en rouge. Partant de l'image d'un oiseau près de l'embout, une ligne en zigzag suit le côté droit du tuyau sur un tiers de sa longueur et longe deux cercles. L'un étant peint en rouge et l'autre en noir, on peut penser que ces deux cercles symbolisent le soleil et la lune. Là où se termine le dessin, le bec et le scalp d'un pic-vert huppé sont fixés sur le dessus du tuyau, alors que des plumes de malard avec une touffe de crin de cheval teint en rouge sont attachées dessous. La sobriété de la décoration est rare ; la plupart des tuyaux sont décorés sur toute la moitié de leur longueur. Le manche du fourneau, en catlinite de type « proue », s'étend légèrement au-delà de la base mince de la tête et, à l'opposé, un serpent ou un ver de forme quasi abstraite est sculpté sur le haut du manche. Des touches d'incrustation de plomb, en dessous et autour du fourneau, indiquent une consolidation consécutive à une cassure.

La forme générale du fourneau et du tuyau, ainsi que les gravures et les pendentifs, révèlent son origine entre les bords des Grands Lacs et les Plaines, probablement une tribu de langue siouan, dans la première moitié du XIXᵉ siècle (voir Paper 1988, pl. 11-14 ; Hail 1980, p. 240, fig. 324-325 ; Thompson 1977, pp. 186-188, fig. 142-144, cat. 203-208 et 212 ; Ewers 1979, pp. 56-57, pl. 18). La décoration gravée se réfère à l'Oiseau Tonnerre et à ses pouvoirs protecteurs. Le scalp et le bec du pic-vert huppé, les plumes de malard et les mèches rouges de crin de cheval ornaient aussi les tuyaux de pipes trouvés le long du Missouri, alors que les motifs gravés suggèrent une origine sioux du Minnesota ou du Dakota.

34. Casse-tête de forme arrondie

Sioux Santee (Dakota), Minnesota ; vers 1815
Bois
En bas, à l'encre noire : *156.104.* ; sur le côté, à l'encre noire : *2645*
L. 50,8 cm ; l. 7,6 cm ; ép. 15,2 cm
T54
George Terasaki, New York ; Sotheby's, New York ; Gary Spratt, Rutherford, Californie ; Morning Star Gallery, Santa Fe, Nouveau-Mexique.

Sotheby's septembre 1990, lot 219 ; VINCENT 1995a, p. 33.

Les casse-tête à extrémité sphérique étaient très répandus dans la région du Pays des Forêts de l'Est et jusque dans celle du fleuve Missouri, beaucoup plus à l'ouest. Souvent l'effigie d'un animal à longue queue est gravée sur la partie arrondie. Quelquefois décrite comme une loutre ou une belette, cette effigie représente en fait le maître du Monde Souterrain, ressemblant à un dragon. Sur la plupart des casse-tête, cette représentation est réduite à sa forme la plus abstraite, n'évoquant souvent qu'une partie de ses particularités. La bordure dentelée autour de la partie arrondie de ce modèle semble être l'unique exemple d'une allégorie aussi stylisée du dragon du Monde Souterrain. Il est fort probable qu'elle représente le dos du dragon. Ce genre de découpe était commun au sud des Grands Lacs, bien que d'un style plus conventionnel (voir Penney 1992, pp. 227, 229, fig. 152 ; Batkin 1995, pp. 62-63 ; Brasser 1976, p. 81, fig. 35 ; Feder 1971a, p. 100, fig. 128). Une ouverture allongée, se terminant aux deux extrémités par des trous circulaires, orne le haut du manche. Cette forme d'entaille, le trou au-dessus de la poignée et l'extrémité du manche en pointe sont typiques des casse-tête de la région du Minnesota dans les premières décennies du XIXᵉ siècle, alors que les évidements entre deux trous sont courants sur les casse-tête et les tuyaux de pipes plats des Sioux-Dakota.

35. Gilet

Oto-Missouri, Oklahoma ; vers 1891-1895
Tissu teint en indigo, perles de verre, paillettes
L. 33 cm ; l. 35,5 cm
T87
Forrest Fenn, Santa Fe, Nouveau-Mexique.

Herbst, Kopp 1993, p. 94, pl. 90-91 ; exp. Moonh 1994-1995 ; exp. Sites 1997-1999

À la fin du XIXᵉ siècle, William Faw Faw (Waw-No-She), un Oto-Missouri, innova une variante de la danse du Tambour. Introduite à l'origine chez les Oto-Missouris de Red Rock par les Potawatomis, elle exprimait une résistance spirituelle au General Allotment Act voté par le Congrès en 1887. Cette loi promulguait le morcellement des terres tribales en superficies égales distribuées à chaque membre de la tribu. Cette politique menaçait gravement le principe foncier de la culture indienne, non seulement en ouvrant la voie à l'implantation de non-Indiens, mais aussi en anticipant, indirectement, la vente de parcelles aux Blancs.

À l'instar de Wowoka, autre visionnaire indien du XIXᵉ siècle leader de la danse des Esprits, William Faw Faw tomba malade et eut une vision dans un accès de fièvre. Dans son état hallucinatoire, il vit « deux jeunes hommes se diriger vers lui en tenue de cérémonie ». Pendant que l'un d'eux prenait la parole, un cèdre se mit à pousser à ses côtés. Guéri, Faw Faw commença à répandre le message de sa vision, exhortant les membres de sa tribu à revenir à la vie traditionnelle et à fuir les influences perverses des Américains. La cérémonie messianique de Faw Faw comprenait la remise en terre d'un cèdre déraciné, la présence d'un crâne de bison cérémoniel posé à l'intérieur d'une tente sur des tissus jaune, rouge et vert, ainsi que la consommation rituelle du tabac à pipe et des offrandes au cèdre (voir Wooley et Waters 1988, pp. 36-45, fig. 1-10). Ce gilet d'enfant a dû être porté par un jeune adhérent au culte de Faw Faw : c'est le seul exemple connu dont le devant est brodé d'étoiles et de symboles en forme de lune, sur du tissu de Stroud bleu foncé. Ces symboles s'harmonisent pleinement avec le concept général de la spiritualité traditionnelle oto-missouri, contrairement à la curieuse image brodée de perles dans le milieu du dos. Elle était sûrement propre à l'iconographie de Faw Faw, n'apparaissant nulle part ailleurs dans l'ethnographie du culte de la danse du Tambour. On y voit un personnage en forme d'ange aux ailes déployées émergeant d'une tête de bison. Les ailes sont faites de perles rouges, blanches et bleues : une variante troublante du symbolisme du drapeau américain. Quoique son sens exact nous échappe, cette iconographie se rapporte indubitablement à la résurrection d'une valeur spirituelle indienne (le bison) et à une notion de puissance (le symbole du drapeau). Le personnage en forme d'ange semble inspiré du christianisme et ses couleurs, bleu (symbole de la Vierge), jaune et blanc (symbole de pureté) peuvent correspondre à un code propre au comportement rituel. Le mouvement Faw Faw d'Oklahoma fut de courte durée et s'épanouit surtout entre 1891 et 1895 ; quelques articles se rapportant à ce culte se trouvent dans des institutions publiques.

Ralph T. Coe

36. « Sioux attaquant un village pawnee », dessin fait sur un ancien carnet de comptes

Attribué à Chief Killer (1849-1922) (Joyce Szabo) ; attribué à un artiste non identifié de Fort Marion (Imre Nagy), Cheyenne du Sud, Fort Marion, Floride ; 1875-1876
Crayon, encre, aquarelle et pastel sur papier
Dans le coin en haut à gauche au crayon : 21 ; au crayon et retracé à l'encre noire : *Sioux Attacking a Pawnee Village*
H. 21 cm ; l. 28 cm
T83
Obtenu à Fort Marion, St. Augustine, Floride, par le grand-père de Mme Dorothy Gieske en mars 1876 ; Morning Star Gallery, Santa Fe, Nouveau-Mexique.

Morning Star Gallery/Parco, vers 1992, n. p.

Pendant les années 1875-1878, soixante-douze Kiowas, Cheyennes, Arapahos et autres Indiens des Plaines du Sud furent incarcérés à Fort Marion en Floride, accusés de diverses exactions contre les soldats et les colons. Sous l'intendance du lieutenant Richard Henry Pratt (1840-1924), ils apprirent à lire et à écrire et reçurent une instruction religieuse. Pour gagner de l'argent, ils confectionnèrent des curiosités et remplirent de dessins les carnets de comptes que leur donnaient leurs gardiens. Les thèmes dessinés à Fort Marion étaient des annales à caractère autobiographique. Elles racontaient des scènes traditionnelles de la vie d'un guerrier des Plaines, comme celui-ci, attribué à Chief Killer, ou décrivaient le monde inconnu rencontré lors de leur déportation, en chariots, en train et en bateau, vers la Floride jusqu'à ce fort de pierre sur la côte atlantique, loin du territoire indien (Petersen 1971, Szabo 1994a ; Berlo 1996a).

Les prisonniers vendaient ces petits carnets aux touristes de St. Augustine, ville proche du fort. Leurs gardiens en offrirent aux militaires comme le général William Tecumseh Sherman, aux défenseurs des droits et de l'éducation des Indiens comme l'évêque Henry Whipple, et aux historiens comme Francis Parkman (Berlo 1996a, pp. 115-117, cat. no. 45). Beaucoup de carnets intacts se trouvent dans les musées, les archives et chez les descendants des premiers acquéreurs ; d'autres ont été disloqués durant les cent vingt dernières années et les croquis furent dispersés dans différentes collections, comme ce fut le cas pour ce dessin et celui de Ohettoint.

Chief Killer a dépeint d'une façon très vivante un combat qui oppose six Pawnees et quatre guerriers à cheval. Les Pawnees sont en fuite et certains regardent leurs agresseurs. Dans le coin supérieur droit, un Pawnee tombé face contre terre est transpercé par la lance à crosse d'un cavalier. Un cavalier, vu de dos, est dessiné au milieu de la page. Le tracé des sabots de son cheval commence dans le coin supérieur droit et indique qu'il obliqua soudain sur la droite. Ce personnage plus petit que les autres semble être éloigné du groupe et indique une profondeur spatiale.

Les attaquants à cheval arborent les parures de guerre. Deux d'entre eux brandissent des lances droites, un autre frappe un ennemi à terre avec sa lance à crosse mentionnée plus haut, et le dernier tient une bannière richement décorée de plumes sur toute sa longueur. Un cavalier a revêtu une belle chemise de guerre perlée avec les manches ornées de plumes d'aigle et de mèches de cheveux, et deux autres guerriers de haut rang portent des boucliers peints. Dans les Grandes Plaines, les peintures sur les boucliers étaient très personnelles. Un Cheyenne pouvait facilement identifier un guerrier d'après les dessins de son bouclier. Des scalps humains sont fixés aux brides de mors

de deux chevaux peints en bas de la page. La représentation conventionnelle de ce sinistre trophée de guerre est un cercle, moitié noir et moitié rouge, d'où pendent des cheveux.

Les Pawnees sont sobrement habillés de pagnes courts et de mocassins à revers, caractéristiques de leur tribu. L'un d'eux porte un collier de griffes d'ours, alors que d'autres exhibent des bonnets de guerre en peau de loutre décorés de petits miroirs ronds. La loutre, tout comme l'ours, possède des pouvoirs sacrés et porter une partie de leur corps était supposé donner de la force aux hommes dans les combats.

Une annotation, « 21 », est crayonnée dans le coin supérieur gauche de la page. Il n'y a aucun dessin sur l'envers. « Sioux Attacking a Pawnee Village » est écrit au stylo dans le coin supérieur droit. Cependant la plupart des dessins de Fort Marion portaient des annotations que George Fox, l'interprète de la prison, écrivait généralement au crayon sous l'image et au centre. Cette mention est probablement un rajout tardif du premier acquéreur du carnet. L'analyse d'autres inscriptions sur des dessins de la fin du XIXe siècle a prouvé que de tels commentaires étaient souvent erronés (Berlo 1996a, pp. 76-79, 129 et pp. 210-215). Il est plus que probable que les héros de ce combat contre des Pawnees soient en fait des guerriers de la tribu cheyenne dont faisait partie l'artiste. En effet, dans la tradition iconographique des Plaines, les hommes racontaient leurs propres actes de bravoure ainsi que ceux de leurs parents et amis.

Ce dessin vient d'un carnet à croquis dont les pages volantes ont été vendues par la « Morning Star Gallery » à Santa Fe en 1990 ; s'appuyant sur la qualité du style, l'historien d'art Joyce Szabo a attribué tous les dessins à l'artiste cheyenne Chief Killer (Szabo 1994, p. 51) – dans une étude inédite portant sur l'intégralité du carnet d'où sont tirés ces dessins et d'après ses recherches sur l'œuvre de Chief Killer, l'anthropologue Imre Nagy réfute cette identification (archives de la collection Thaw).

Un autre carnet de seize croquis réalisés à Fort Marion par Chief Killer se trouve dans la collection militaire Anne S. K. Brown à la Brown University Library. Dans ces dessins comme dans celui-ci, on retrouve les visages, souvent sans traits, caractéristiques de Chief Killer ainsi que sa façon originale de dessiner les chevaux. Chief Killer et plusieurs Cheyennes du Sud furent emprisonnés pour le meurtre des parents et l'enlèvement des enfants d'une famille de colons au Kansas. À son retour dans l'Ouest en 1878, Chief Killer travailla comme boucher, policier et conducteur de convois. On ne connaît de lui aucune œuvre postérieure à son séjour à Fort Marion (Petersen 1971, p. 234).

Janet Catherine Berlo

37. Coiffe à plumes

Cheyenne, Oklahoma ; vers 1890
Plumes d'aigle, duvets, feutrine, perles de verre, étamine en coton
H. 2,26 m ; l. 55,8 cm
T59
Morning Star Gallery, Santa Fe, Nouveau-Mexique.

HERBST, KOPP 1993, p. 110, pl. 110 ; exp. MOONH 1994-1995.

Avec sa coiffe de plumes flottant au vent, le cavalier indien des Plaines a embrasé l'imagination du monde entier (voir Coe 1977, p. 175, fig. 431 ; Hail 1980, pp. 118-121, fig. 79-82 ; Walton, Ewers et Hassrick 1985, p. 109, cat. 51) Cette coiffe, conçue pour évoluer dans le vent des Plaines, donnait un effet saisissant de légèreté et de mouvement. Aucune forme d'art visuel ne possède de qualité plus dynamique. Couramment appelé « bonnet de guerre », ce type de coiffe symbolisait l'ultime insigne des hauts faits d'armes d'un combattant. Tous les détails en témoignaient : les plumes d'aigle, les bandelettes rouge sang, ainsi que les étoiles à l'intérieur de la traîne en coton. Lors des commémorations américaines de nature politique, les Indiens portaient de préférence ces traînes décorées d'étoiles traditionnellement associées au pouvoir guerrier et représentées sur le drapeau américain. Emblème de l'armée des États-Unis, le drapeau étoilé était perçu par les Indiens comme une source potentielle de pouvoir. L'effet d'alternance de nuances claires et foncées dans l'agencement des plumes de la traîne est obtenu en inversant les faces des plumes. La position dressée des plumes autour du bonnet et le motif de perles du bandeau frontal sont typiques du travail cheyenne.

38. Sac à pipe

Cheyenne, Oklahoma ; vers 1885-1890
Daim, perles de verre, cônes en métal, tissu de Stroud (restauré sur le fond)
L. 40,6 cm (sans les franges) ; l. 10,1 cm
T76
Malcolm Grimmer, Santa Fe, Nouveau-Mexique.

L es longs pans aux bords perlés autour du rebord supérieur du sac à pipe sont caractéristiques du style cheyenne (voir Penney 1992, pp. 162-163, fig. 93 ; pp. 182-183, fig. 111-112 ; Maurer 1992, p. 147, fig. 83, p. 179, fig. 139, pp. 238-239, fig. 229). Les anciens modèles n'en possédaient que quatre mais à partir des années 1860 les sacs comme celui-ci en eurent souvent plus. Le travail de perlage du bas du sac et de la bande verticale couvrant la couture latérale est réalisé dans le plus pur style dit « point paresseux ». Le motif perlé de triangles en escalier est typique de la période 1890 et les petits losanges allongés qui les surmontent représentent des plumes d'aigle, symboles de bienfaits spirituels. En contraste avec ces caractéristiques propres à la fin du XIXᵉ siècle, la frange à l'extrémité du sac est de style plus ancien. Les sacs cheyennes ne possèdent généralement pas le bandeau de lanières enroulées de piquants de porc-épic, si répandu dans les Plaines du Centre. Ce bandeau qui part du fond du sac est remplacé chez les Cheyennes par des cônes en fer blanc et de longues franges. Les bandes de tissu rouge sont rares et semblent ici se substituer aux mèches de cheveux teintes en rouge. Chez les Cheyennes, le travail aux piquants de porc-épic et le perlage étaient réservés aux femmes membres d'une société, ou confrérie, très fermée. Elles étaient les conservatrices des traditions, dans le

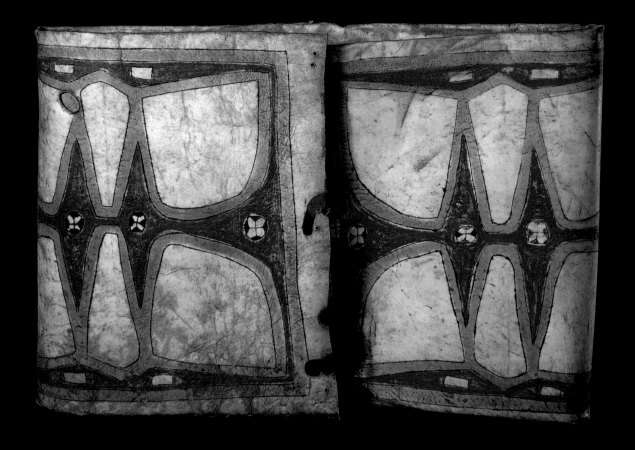

39. Parflèche

Plaines du Sud ; vers 1830
Cuir cru de bison, pigments
L. 68,5 cm ; l. 48,2 cm
T51
George Terasaki, New York ; Trotta-Bono, Shrub Oak, New York.

VINCENT 1995a, p. 32.

L e parflèche de type « enveloppe » est le plus caractéristique des contenants en cuir cru fabriqués par les nomades des Plaines. Il était fait d'une pièce rectangulaire dont les bords les plus longs étaient rabattus l'un vers l'autre, avant que les plus courts ne soient repliés, par-dessus, l'un contre l'autre. Ces dernières pliures donnaient forme à deux panneaux presque carrés sur lesquels les artistes féminines peignaient des motifs géométriques et symétriques. En dépit de la profusion de ces parflèches et d'une récente analyse par Gaylord Torrence, l'identification précise des premiers styles tribaux nous échappe. Des similitudes déconcertantes dans les détails et même dans la facture se rencontrent dans toute la région des Plaines et dans celle du Plateau. Cela peut s'expliquer, dans une certaine mesure, par l'usage très courant des parflèches que l'on remplissait de viande séchée avant de les offrir aux visiteurs venus d'autres tribus. La restriction au rouge et au vert bordés d'une fine ligne noire, comme sur cet exemple, est caractéristique des parflèches produits avant 1850 (Torrence 1994, p. 37). Les parflèches de type « enveloppe » à double cadre épais se trouvaient parmi les Cheyennes du Sud, les Arapahos du Sud, les Kiowas et certaines tribus de la région du Plateau. Un modèle blackfeet, ainsi qu'un autre acquis par des Indiens kickapoo probablement dans la région des Plaines du Sud, sont décorés comme celui-ci d'un motif peu commun, fait de petits cercles croisés. L'ensemble de la composition du parflèche de la collection Thaw est unique (voir dessin de Rudolph F. Kurz 1851, Historisches Museum, Berne, Suisse).

40. Tambour à double face

Pawnee, Oklahoma ; vers 1890
Cuir cru, bois, clou en fer, semences, pigments
Diam. 45,7 cm ; ép. 7,6 cm
T86
Collection Newton, Caroline du Nord ; Pierre Bovis, Santa Fe, Nouveau-Mexique ; George Terasaki, New York.

VINCENT 1995a, p. 42 ; VINCENT 1995b, p. 63, pl. II ; ZIMMERMAN 1996, p. 137 ; exp. THE 45TH ANNUAL WINTER ANTIQUES SHOW, 14-24 janvier 1999, Seventh Regiment Armory, New York.

Les peaux de ce tambour à double face sont deux tableaux extraordinaires. Un côté montre un ciel jaune menaçant rempli d'hirondelles où s'abat un grand Oiseau-Tonnerre noir projetant des éclairs depuis un dôme de nuages bleu sombre. Parmi ces nuages, deux oiseaux rouges ont des yeux d'où sortent des éclairs. Dans la partie inférieure de cette face, un homme se tient debout sur la terre et offre une longue pipe à l'Oiseau-Tonnerre. Sur l'autre face, au milieu d'un fond bleu foncé constellé de points blancs, une étoile blanche, avec un centre rouge, semble illuminer un halo de couleur jaune. Les points blancs du fond sont sans doute des étoiles, mais peuvent aussi être aussi l'interprétation pawnee de la grêle associée à l'orage. La grêle est une manifestation des pouvoirs du Tonnerre.

L'artiste réalisa au moins deux autres variantes de ce tambour. L'une fut trouvée par George Dorsey en 1902 et appartient maintenant au Field Museum of Natural History, Chicago, cat. 71856 (voir Maurer 1992, pp. 176-177, fig. 134). La seconde, découverte par James R. Murie en 1916, se trouve à l'American Museum of Natural History, New York, cat. 50.2/382A-D. Il est possible que ces tambours fassent partie des objets rituels de la danse de l'Herbe dont l'esprit tutélaire est l'Oiseau-Tonnerre. La spiritualité et les rites pawnees étaient tournés vers les puissances du ciel. Sur ce tambour, l'étoile au centre rouge représente peut-être l'Étoile du Matin, une figure clef du mythe de la création pawnee, jadis honorée par le sacrifice annuel d'une jeune femme.

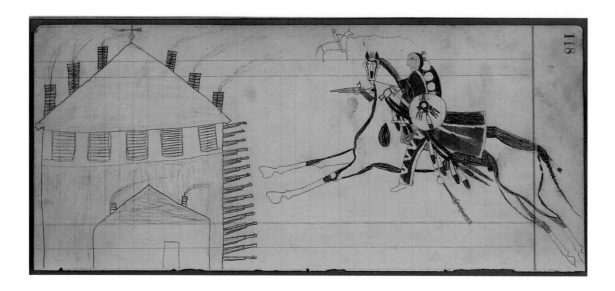

41. « Show-Off Charge » et « Wagon Train », dessin

Arapaho, Oklahoma ; vers 1882
Crayon, peinture à l'eau et fusain sur papier
Recto, imprimé en bleu : *118* et au crayon illustration d'un cavalier ; verso, dans le coin supérieur droit : *117*
H. 12,7 cm ; l. 20 cm
T387
Malcolm Grimmer, Santa Fe, Nouveau-Mexique.

PETERSEN 1988, pl. 117 et 118 ; Morning Star Gallery/Parco, vers 1992, n. p.

Les actes individuels de bravoure accomplis lors d'une bataille sont des sujets illustrés couramment par les Indiens des Plaines et de nombreuses études ont été faites sur cet art de l'écriture en images. La première étude détaillée, écrite par le colonel Garrick Mallery et intitulée « Picture Writing of the American Indians », parut dans le *Tenth Annual Report of the Bureau of Ethnology* de la Smithsonian Institution, 1888-1889 et fut publiée en 1893. L'ouvrage de Mallery rassemble le travail d'explorateurs, d'ethnologues et de chercheurs dans les réserves indiennes, et donne un aperçu intéressant de l'art pictographique amérindien. En 1939, le Docteur John Ewers en interprétait les formes et les symboles dans *Plains Indian Painting*. En étudiant des douzaines d'exemplaires, il en compara le style et la teneur pour découvrir quel événement était relaté par l'artiste. L'ouvrage *Plains Indian Art from Fort Marion* de Karen Petersen, publié en 1971, fut la première étude exhaustive sur les travaux sur papier des « registres » [1] produits dans la seconde moitié du XIXᵉ siècle par les prisonniers du fort. Petersen élabora aussi un dictionnaire pictographique – outil très utile dont se servent encore aujourd'hui les chercheurs – illustré de costumes d'Indiens des Plaines et expliquant leur signification. Il est difficile de décoder les peintures et dessins des Indiens des Plaines sans se référer à ces deux ouvrages importants.

Joe Horse Capture

Note

1. Grands cahiers de comptes donnés aux Indiens par les autorités dans les réserves et forts militaires (NDT).

42. Collier

Crow, Montana ; vers 1830-1860
Dents de castor, peau de bison tannée, nerf, perles de verre, ocre,
fourrure de belette, coquillages de nacre
À l'intérieur, étiquette bordée de rouge, à l'encre noire : *Crow beaver tooth neckless*
L. 43 cm ; l. 15,2 cm
T439
Dianne Teller-Fergerson, Geneseo, New York ; Hesse Galleries, Otego,
New York ; Walter Banko, Montreal, Québec.

Les premières photographies montrent de nombreux colliers portés par les Indiens des Plaines du Nord-Ouest. Quelques-uns cor-
respondent à un style tribal ou à une certaine période, mais la plupart sont des créations personnelles et uniques, réalisées d'après les
expériences mystiques de leurs propriétaires. Ce collier de dents de
castor exprime, d'une façon éclatante, la confiance d'un individu
dans le pouvoir protecteur de l'esprit du castor. Dans la mythologie
des Indiens crow, l'esprit du castor était un émissaire important des
« Gens Sous l'Eau », réputés pour leurs pouvoirs curatifs. Presque tous
les sacs-médecine utilisés par les guérisseurs contenaient de la peau,
des griffes ou des dents de castor.

Ce collier, rappelant les colliers de griffes d'ours populaires dans
l'ensemble de la région, consiste en un rouleau de peau de bison cousu
au nerf et teint en rouge avec de l'ocre. Dix paires de dents de castor
sont placées à intervalles réguliers le long du bourrelet. Au-dessus de
chaque paire de dents la peau est recouverte d'une rangée de grosses
perles dites « pony beads », bleues et blanches. Les modèles anciens
de perlages crow indiquent une préférence marquée pour les perles
bleues. Des pendants de grosses perles bleues et blanches sont attachés entre les dents de castor, et trois de ces pendants se terminent
par des fragments d'ormeaux. Des rangées de grosses perles anciennes
et de coquillages en nacre recouvraient les petits talismans des Crows
appelés « rock ».

Le type des perles indique que le collier fut fabriqué entre 1830
et 1860. Les grosses perles blanc laiteux originaires de Venise datent
des années 1830, et les perles « pony » passèrent de mode dans les années
1860 (Dubin 1987 ; Wildschut et Ewers 1985, p. 45). Ce collier est
donc un des rares exemplaires répertoriés du perlage crow de cette
période ancienne. Au dos du collier se trouve une vieille étiquette inscrite à l'encre : « Crow beaver tooth neckless. »

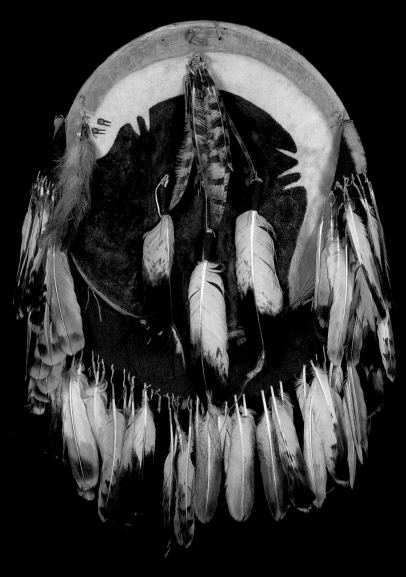

43. Bouclier

Crow, Montana ; vers 1860
Cuir cru de bison, peau d'antilope, tissus de Stroud, plumes d'aigle et de buse, piquants de porc-épic
À l'intérieur, à l'encre noire : *12/741*
Diam. 55,8 cm
T48
Mountain Lion Crossways ; Spotted Mountain ; Buffalo That Bellows ; Bad Man ; Museum of the American Indian (12/741) ; R. Huber ; D. J. Petersen ; Howard B. Roloff, Victoria, Colombie britannique ; Elaine Horwitz, Santa Fe, Nouveau-Mexique ; James Havard, Santa Fe, Nouveau-Mexique.

MAURER 1977, pl. 16 et pp. 176-177, fig. 220 ; AIAM Hiver 1980, p. 5 ; HERITAGE, vol. XI, n° 4, couverture ; VINCENT 1995a, p. 30 ; PENNEY 1998, pp. 92 et 94.

Le bouclier d'un Indien des Plaines était un de ses biens les plus sacrés et précieux. Chaque bouclier se manipulait selon des consignes spécifiques portant sur son usage rituel, les peintures faciales de son propriétaire, les chants magiques et les tabous à respecter. Révélé dans les visions ou les rêves, le motif peint était essentiellement un charme protecteur pour la guerre. Comme la plupart de ces boucliers sacrés étaient offerts par les esprits du ciel, ils ne devaient jamais toucher le sol. Seuls les vieux guerriers ayant eu une vision pouvaient fabriquer ces boucliers à la demande des jeunes hommes au début de leur carrière. Afin d'éviter que les boucliers ne perdent leurs pouvoirs magiques, les hommes âgés ne dévoilaient jamais la signification exacte des décorations. Pour la même raison, le motif peint n'était exposé qu'à la guerre où son pouvoir s'exerçait en troublant l'ennemi et en protégeant son propriétaire. Cette forte insistance sur les pouvoirs occultes des décorations s'est peut-être développée après l'introduction des armes à feu et lors des combats à cheval, quand les lourds boucliers se révélèrent trop encombrants et quelque peu inefficaces. Les forces protectrices étant présentes dans chacune des parties de ce don sacré, les guerriers n'emportaient dans leurs expéditions que le dessus du bouclier ou quelques-uns de ses pendentifs.

La peinture et les autres décorations de l'exemplaire illustré sont réalisées sur une peau d'antilope qui recouvre en fait le bouclier en épais cuir cru. On distingue, sous une courbe verte représentant un arc-en-ciel, un animal blanc à longue queue, désignant sûrement un puma. Ses yeux sont similaires à ceux peints sur les poupées crows de la danse du Soleil. Leur tracé rappelle le motif « œil pleureur » présent dans l'art symbolique des cultures mississippiennes anciennes. La partie noire illustre peut-être une victoire, car les guerriers revenus victorieux d'un combat ou d'un raid avaient l'habitude de se peindre en noir. Le tissu rouge se réfère au sang. Les plumes d'aigle représentent les rayons du soleil, symbolisé par le bouclier lui-même. La touffe de plumes de buse est détachable et peut s'accrocher dans la chevelure. Un petit sac de cuir, fixé derrière le bouclier, contient probablement de l'encens destiné à être brûlé avant que le bouclier ne soit porté. Ces boucliers, inspirés par des révélations, sont parmi les expressions artistiques les plus subjectives et personnelles des Indiens des Plaines.

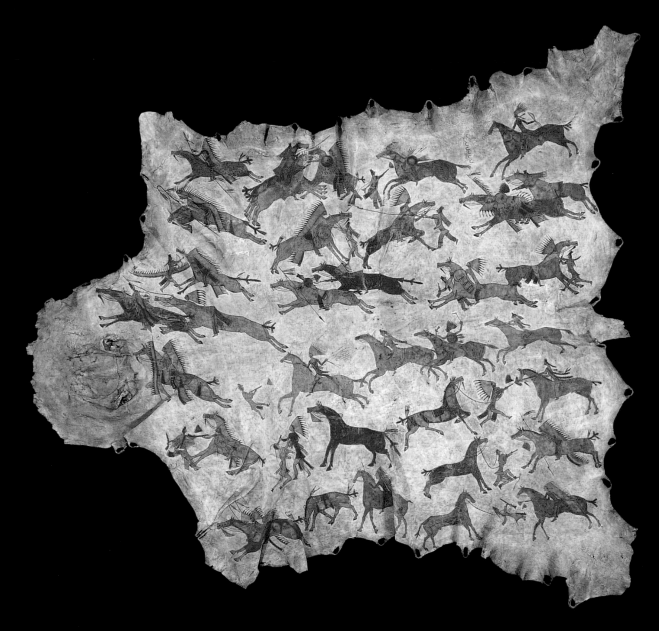

44. Archive de guerre

Teton Sioux (Lakota), Dakota du Nord ou du Sud ; vers 1880
Peau, pigment
Marquages : *E* sur la joue droite, à l'avant de l'épaule sur la hanche
gauche ; *CIB* ou *GIB* sur le côté gauche ; une marque en volute sur *F* ; de
l'autre côté, à l'encre noire : *9/2580* et *13666*
L. 2,49 m ; l. 2,36 m
T49
Museum of the American Indian/Heye Foundation (9/2580), New York ;
Robert Stolper, Munich, Allemagne et New York ; Michael Kern, Dresde,
Allemagne ; Morning Star Gallery, Santa Fe, Nouveau-Mexique.

VINCENT 1995a, p. 31.

V ers la fin du XIXᵉ siècle, l'art pictographique s'était développé avec
des détails réalistes et colorés. Les formes humaines et animales
sont représentées de profil, à deux dimensions et sans référence au pay-

sage ni souci de perspective. En général les sujets regardent ou se meu-
vent dans la même direction, de droite à gauche. Sur cette peau les
événements guerriers, finement dessinés par deux artistes teton sioux,
racontent l'engagement entre les Sioux et les Crows. Prenant le parti
de ne décrire que les combats dont les Sioux sortaient victorieux, les
artistes identifient les héros en tenues complètes d'apparat, plutôt que
dans celles de guerre plus authentiques mais moins élaborées. Bien
qu'appréciées pour leur magnifique effet décoratif, la première fonction de ces peintures éloquentes était de décrire les actes de bravoure
d'un guerrier et d'attester ses droits au prestige (voir Conn 1979, p. 139,
fig. 172 ; Maurer 1992, p. 241, fig. 231 ; Dockstader 1966, fig. 211).
Cette peau était très sale quand elle fut acquise ; il a fallu un nettoyage
minutieux pour que sa grande qualité artistique soit révélée. La peau
comporte plusieurs estampilles sur l'extérieur de la peau, mais il a été
impossible de les dater.

45. Chemise d'homme

Teton Sioux (Lakota), Dakota du Sud ; vers 1870
Peau d'antilope, piquants de porc-épic, perles « pony », tissu de Stroud,
franges de cheveux et de crin, fils de nerf
L. 1,09 m ; l. (bras écartés) 1,42 m
T64
Acquis en 1880 par le major John Cook, agent du gouvernement à
Rosebud Indian Reservation, Dakota Territory ; Greg Thorne, Los Angeles,
Californie ; Richard A. Pohrt Collection, Flint, Michigan ; collection
particulière, New Jersey ; Sotheby's, New York (le tissu de Stroud rouge
et les mèches de cheveux ont été restaurés avant cette vente).

Sotheby's, juin 1992, lot 130 ; VINCENT 1995a, p. 37 ; KING 1996, couverture
et p. 3.

Cette chemise, conforme au style « poncho » porté dans les Plaines centrales, est fabriquée avec deux peaux d'antilope. Les pattes avant et le cou de chacune, ont été découpés puis attachés aux épaules pour former les manches ouvertes. Les pattes arrières tombantes servent d'éléments décoratifs en bas de la chemise (voir Markoe 1986,

p. 81, cat. 5, p. 94 ; Krickeberg 1954, pl. 11, p. 75 ; Batkin 1995, pp. 24-25 ; Lessard 1990, pp. 27-29). Les bavettes, pièces triangulaires sous l'encolure, sont recouvertes de Stroud rouge, un tissu d'importation. Cinq bandelettes de losanges brodés aux piquants de porc-épic au point dit « trois piquants » sont cousues sur des bandes de peau le long des manches et en travers des épaules. De grosses perles bleues de type « pony », brodées au « point paresseux », soulignent l'encolure et les bords de la pièce triangulaire. D'autres de même couleur, mais plus petites, ornent les bandes en piquants. Les mèches de cheveux et de crin de cheval entourées de piquants jaunes ont été restaurées le long de ces bandes. Ces « mèches de scalps » peuvent être des trophées de guerre ou des cheveux provenant des membres de la famille du propriétaire de la chemise. Dans les Archives nationales (3328-b) une photographie montre Grand Mandan, un Teton Sioux, portant une chemise similaire à celle-ci (ill. XX), et l'on en connaît d'autres exemplaires de cette période. Ce genre de chemises était réservé aux individus respectés et de haut rang, membres d'une société guerrière particulière.

46. Ornement de chevelure

Teton Sioux (Lakota), Nord et Sud Dakota ; vers 1900
Piquants de porc-épic, peau, perles de laiton, perles de verre, cônes de métal, plumes, crin de cheval
L. 73,6 cm ; l. 6 cm
T67
Collection particulière, Washington State ; William Channing, Santa Fe, Nouveau-Mexique.

À l'occasion des fêtes chez les Sioux de l'Ouest, les jeunes hommes avaient l'habitude de porter des ornements accrochés à l'arrière de leur chevelure. Cet exemplaire consiste en une bande de peau tannée de forme rectangulaire, recouverte de rangées verticales de broderies aux piquants de porc-épic et bordée de petites perles blanches. Habituellement l'ornement était surmonté de plusieurs plumes dressées et décorées, et une mèche de crin de cheval était fixée à son extrémité.

Les Sioux appelaient cet ornement de chevelure « queue de bison mâle », un terme suggérant qu'ils devaient utiliser à l'origine une queue décorée de cet animal. Un symbolisme animal imprécis a survécu sous la forme d'une bande brodée de piquants et de lacets tombant sur les côtés. Ces lacets sont censés représenter les oreilles, pattes et queue de l'animal. Des ornements de chevelure similaires étaient populaires chez les Cheyennes et les Arapahos (voir Lyford 1940, pl. 5 ; Speck 1928, fig. 7-8 ; Hail 1980, p. 124, cat. 86 et 87 ; Kroeber 1983, pp. 54-55, pl. VII, fig. 1-3). Les modèles brodés de perles furent en usage jusque dans les années trente.

47. Robe de jeune fille

Teton Sioux (Lakota), Nord et Sud Dakota ; vers 1895
Daim, perles de verre, cônes de métal
L. 68,5 cm ; l. 55,8 cm
T69
Drew Bax, Denver, Colorado ; Morning Star Gallery, Santa Fe, Nouveau-Mexique.

HERBST, KOPP 1993, p. 80, pl. 72 ; ATHINEOS 1993, p. 29 ; exp. MOONH 1994-1995 ; exp. SITES 1997-1999.

Quand cette robe spectaculaire fut fabriquée, en 1890, les Sioux de l'Ouest ou Lakota avaient dû se résoudre à vivre dans des réserves où les activités qui donnaient un sens à leur vie n'étaient plus possibles. Seules les femmes pouvaient encore exercer quelques-unes de leurs occupations traditionnelles (voir Walton, Ewers et Hassrick 1985, pp. 158-159, fig. 144-146 ; Hail 1980, pp. 96-97, cat. 29 et fig. 100 ;

Maurer 1977, pp. 152-153, fig. 179 ; Penney 1992, pp. 188-189, fig. 115 ; Herbst et Kopp 1993, p. 81, fig. 73 ; Pohrt 1975, p. 127, fig. 166 ; Furst 1982, pp. 178-179, pl. 166). Les robes de femmes complètement perlées sont très rares ; celle-ci était probablement une marque de prestige d'une famille respectée. Au centre de l'empiècement, le motif en forme de sabot désigne la tortue, symbole de vie et de longévité, alors que le fond bleu représente l'eau. Toutefois, à la fin du XIXᵉ siècle, les femmes se préoccupaient autant de l'effet esthétique de leur travail que du symbolisme traditionnel. Le perlage inhabituel qui recouvre l'ensemble de la robe répond à un souci esthétique. La robe a été laissée nue, à hauteur de la taille, vraisemblablement pour le port d'une ceinture décorative. Le motif du drapeau américain peut être interprété comme un symbole, même si les étoiles ont été remplacées par une seule étoile du matin : les drapeaux américains étaient associés aux seules manifestations encore tolérées par les agents du gouvernement.

48. Sac

Teton Sioux (Lakota), Nord et Sud Dakota ; années 1880
Peau, perles de verre, cônes de métal, crin de cheval
À l'intérieur, morceau de papier inscrit à l'encre noire : *Sioux 3 at bottom.
rare type NNSB 66.00* et sur l'autre côté, au crayon : *#97*
H. 83,8 cm ; l. 12,7 cm
T75
James Waste, Californie ; Butterfield & Butterfield, San Francisco,
Californie ; Morning Star Gallery, Santa Fe, Nouveau-Mexique.

BUTTERFIELD & BUTTERFIELD 1988, lot 4510 ; HERBST, KOPP 1993, p. 54, pl. 37 ;
exp. MOONH 1994-1995

Les Indiens des Plaines arboraient ce type de sac, contenant leur tabac et leur pipe, lors des affaires protocolaires et des cérémonies. Les motifs décoratifs, bien que constitués d'éléments conventionnels, semblent avoir eu une valeur symbolique, tout au moins pour le propriétaire du sac. Le drapeau américain fut adopté par les Sioux de l'Ouest comme symbole de courage ; les deux losanges étirés au-dessus du panneau de perlage représentent des plumes, indiquant que les exploits guerriers du propriétaire l'autorisaient à porter des plumes d'aigle. Les deux côtés de ces sacs ont toujours des décorations asymétriques. Les sacs à pipe avec des pans triangulaires à la base indiquaient que le propriétaire était un chef ; les dessins des Sioux représentant de tels sacs à pans sont un symbole d'autorité politique.

49. Selle

Teton Sioux (Lakota), Nord et Sud Dakota ; vers 1890-1910
Selle de commerce, perles de verre, peau, cônes de métal, crin de cheval, tissu
Gravé près du troussequin : *129 Made by Harpham Bros.*
H. 76,2 cm ; l. 40,6 cm
T338
James Waste, Californie ; Butterfield & Butterfield, San Francisco, Californie ; Morning Star Gallery, Santa Fe, Nouveau-Mexique.

BUTTERFIELD & BUTTERFIELD 1988, lot 4537 ; HERBST, KOPP 1993, pp. 98-99, pl. 96 ; exp. MOONH 1994 – 1995 ; exp. SITES 1997-1999.

Une selle d'enfant complètement perlée illustre bien la prodigalité de décorations dont les Indiens des Plaines faisaient preuve sur les objets destinés aux enfants. Les drapeaux sur les protège-étrier suggèrent que la selle devait être utilisée lors des parades et célébrations du 4 juillet.

50. Bottes de cow-boy

Teton Sioux (Lakota), Nord et Sud Dakota ; vers 1900-1930
Bottes de cuir du commerce, perles de verre, pigments rouge
H. 15,2 cm ; L. 15,2 cm ; l. 5 cm
T347 a, b
Morning Star Gallery, Santa Fe, Nouveau-Mexique.

HERBST, KOPP 1993, p. 82, pl. 75 ; FENICHELL 1993, p. 1 ; exp. MOONH 1994-1995 ; exp. SITES 1997-1999.

Cette paire de bottes de cow-boy pour enfant a été adaptée au goût indien par le travail de perlage sur les parties montantes.

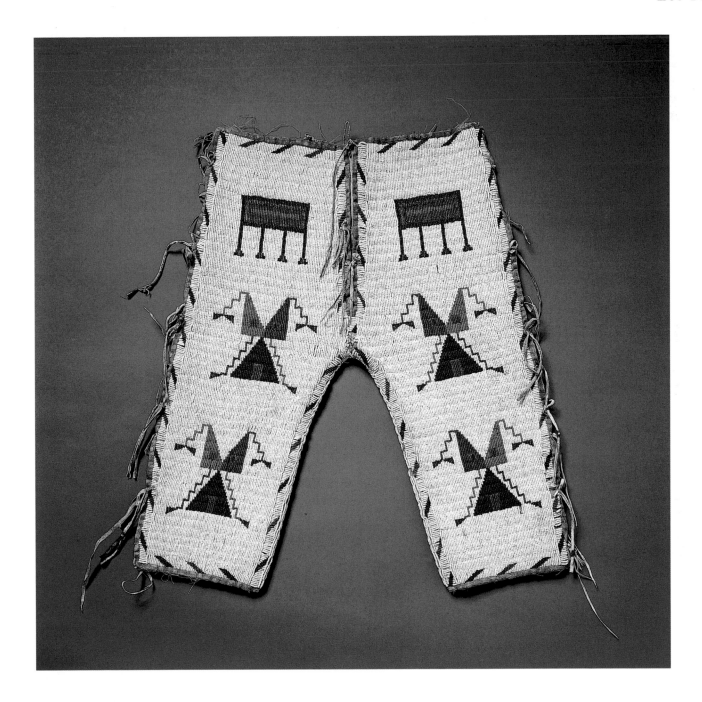

51. Pantalon

Teton Sioux (Lakota), Nord et Sud Dakota ; vers 1870
Peau, perles de verre et de métal, piquants de porc-épic, sac pour balles
de coton ou de farine, coton
H. 55,8 cm ; l. 68,5 cm
T350
Taylor A. Dale, Santa Fe, Nouveau-Mexique.

HERBST, KOPP 1993, p. 98, pl. 95 ; exp. MOONH 1994-1995 ;
exp. SITES 1997-1999.

Les représentations de chevaux sont des symboles traditionnels de richesse ou, dans le cas d'un enfant, de potentiel pour la richesse. Ce pantalon est complètement perlé des deux côtés et reflète l'application particulière de celui qui l'a réalisé.

52. Chemise de garçon

Blackfeet, peut-être Assiniboine, Montana ou Saskatchewan ; vers 1870
Peau de bison, perles de verre, piquants de porc-épic, fourrure de lapin,
cônes de métal
L. 88,9 cm ; l. 50,8 cm
T65
Collection particulière, Canada ; William Channing, Santa Fe, Nouveau-
Mexique ; Jonathan Holstein, Cazenovia, New York.

FURST ET FURST 1982, pp. 178-179, pl. 167 ; JOHNSON 1992, p. 189, fig. A ;
VINCENT 1995a, p. 38 ; VINCENT 1995b, p. 69, pl. XIII ; MACDOWELL,
DEWHURST 1997, pp. 89 et 197.

La peau de bison utilisée pour les deux faces de cette tunique est
ouverte sur les côtés découpés en dents de scie. La personne qui la
porte voit sur la moitié gauche des bandes horizontales de perlage jaune
alternant avec des bandes peintes en rouge brique, et sur la moitié droite
des bandes horizontales de perlage bleu ciel alternant avec des bandes
peintes en bleu foncé. Cette composition a probablement une valeur symbolique ; elle rappelle les bandes peintes sur les tenues de combat et sur
les tipis. Les triangles échelonnés en perlage vert, jaune et noir, décorent
l'extrémité des manches courtes et la bordure inférieure de la chemise.

L'encolure en V est bordée d'une cordelette emperlée, d'où pend une
frange terminée par des cônes en métal. Des lanières en peau de lapin
sont cousues aux épaules. La frange, au bas de la chemise et au bout des
manches, est constituée de piquants de porc-épic aplatis et enroulés
autour de lanières de cuir, terminées par des cônes métalliques. Les
reflets de lumière sur les cônes rehaussaient la beauté du vêtement et atti-
raient, comme pour la robe sioux, l'attention sur celui qui le portait.

Cette chemise est censée avoir été acquise chez des Blackfeets, mais
le perlage au point paresseux est inhabituel chez cette tribu et toutes
les autres chemises de ce type semblent avoir été produites par des
Assiniboines du Saskatchewan et du Montana du Nord. Tous ces
modèles montrent un perlage exceptionnellement coloré dans des
motifs saisissants. Les vêtements finement décorés comme celui-ci
étaient offerts à certains enfants pour honorer leurs parents riches (voir
Feest 1994, p. 144, fig. 133, p. 211 ; Royal Ontario Museum HK586 ;
Dockstader 1962, fig. 194 ; Furst et Furst 1982, p. 175, fig. 160 ; Ewing
1982, p. 189, fig. 174 ; Brasser 1976, p. 172, fig. 184). Les Blackfeets
les appelaient Minipoka, « enfants préférés », et leurs beaux vêtements,
jouets, tipis miniatures et poneys, affichaient ostensiblement le prestige des parents.

53. Chemise et jambières

Type Cree des Plaines (peut-être Assiniboine – R. Coe), Saskatchewan;
vers 1830-1840
Peau de caribou, piquants de porc-épic, semelle de commerce en cuir
ajoutée plus tard
Chemise : L. 96,5 cm ; l. (aux épaules) 63,5 cm. Jambières : L. 1,19 m
T62a-c
Offert à Thomas Heaven (1808-1847), Angleterre, par des Indiens alors
qu'il vivait au Canada ; collection particulière, Angleterre.

VINCENT 1995a, p. 36 ; KING 1996, p. 41, fig. 6.

Par bien des aspects, cet ensemble est un modèle de type classique
et ancien des Plaines du Nord et possède en outre plusieurs particularités notables. Le magnifique travail aux piquants de porc-épic
est en excellent état de conservation, malgré sa grande ancienneté, et
la nature de la peau utilisée pour sa fabrication est remarquable. Au
lieu de l'habituelle peau d'antilope, l'ensemble est taillé dans de la peau
de caribou, identifiable aux nombreuses cicatrices causées par les
insectes. C'est probablement la peau d'un caribou du Pays des Forêts,
vivant dans les Parklands à la limite des Plaines du Nord. Enfin, les
peintures noires et rouges dénotent l'influence culturelle des Plaines
avec les armes à feu et les lances représentées sur le devant, tandis que
les petits cercles et les lignes sur l'arrière sont une réminiscence des
motifs utilisés dans les forêts boréales du Nord-Est.

Ces motifs suggèrent que l'ouvrage provient d'un des groupes cree
du début du XIXe siècle. Certains de ces groupes assimilèrent des traits
culturels des Plaines sans complètement abandonner leurs liens d'origine avec les Parklands. Il doit être mentionné que le nom Crees des
Plaines ne représente ni une unité politique, ni une tribu. Il englobe
plusieurs tribus, disséminées du Manitoba aux montagnes Rocheuses,
qui adaptèrent, chacune différemment, leur culture des Parklands à
celle des Plaines. Cette hétérogénéité culturelle engendra la prolifération de styles artistiques régionaux que l'on identifia sous le nom
de Crees des Plaines.

Sur l'ensemble présenté, plusieurs aspects caractéristiques corro-
borent cette identification : une bande horizontale de franges le long
de la couture sur le devant de la chemise ; la profusion de petits motifs
dans le dessin géométrique des rosettes ; l'utilisation de piquants de
porc-épic teints en noir profond ; l'alternance de jaune et de rouge,
rendue par les lisières entourées de piquants le long des jambières ;
enfin les fines bordures qui entourent les rosettes créées à l'aide de bour-
relets de piquants.

Hormis ces éléments communs aux Crees des Plaines, d'autres
détails permettent d'établir des distinctions régionales. Le motif en
croix dans un cercle brisé des grandes rosettes est une variante du style
de l'art du Haut Missouri, alors que les longs et étroits losanges qui
prédominent sur les bandes de piquants de la chemise et des jambières
révèlent l'influence des Yanktonais ou Sioux de l'Est (Feder 1980,
p. 43). De tels détails peuvent être distinctifs des Crees du Saskatchewan
du Sud-Est, qui adoptèrent un nombre important d'Indiens assiniboines par mariages intertribaux. D'après le propriétaire précédent,
il y avait des mèches de cheveux le long des bandes de piquants des
manches et des jambières.

Des mocassins, un brassard et une coiffe (détruite aujourd'hui)
accompagnaient la chemise et les jambières. Les mocassins ont des
semelles souples, ramenées autour de l'empeigne en forme de U, et
un rabat de cheville aux bords dentelés a été cousu autour du cou-de-
pied (voir Shirt and Leggings, Rijksmuseum Voor Volkenkunde [524-
2/3], Leyde, Pays-Bas ; Shirt, Museum für Völkerkunde [8602],
Berlin, Allemagne ; Crupper, National Museum of the American
Indian [018/5498], New York ; Moccasins, Hartman 1973, fig. 17 ;
« Blackfeet Chief and Subordinates » [voir Brasser 1976, p. 200]).
L'empeigne est doublée de coton. Le délicat travail aux piquants sur
ce cou-de-pied montre une combinaison d'éléments rectangulaires et
arrondis, dont les formes font penser à des feuilles ou des pétales. Ces
éléments sont constitués de fins tracés en piquants de porc-épic,
rouges, jaunes, bleus et noirs. Un motif au point particulier de piquants
de porc-épic cache la couture du cou-de-pied. À partir des années 1820,
des mocassins conformes à cette description furent produits par les
Ojibwas et les Métis au sud-est du Manitoba et s'échangèrent dans
toutes les Plaines du Nord-Est. À partir de 1840, le style artistique
des mocassins était devenu complètement floral, suggérant que cette
paire de mocassins et l'ensemble décrit plus haut furent acquis à une
date antérieure.

54. Pochette à munitions

Red River Ojibwa Sud, Manitoba ; vers 1830
Peau, piquants de porc-épic, mèches de laine
À l'intérieur, étiquette volante inscrite à l'encre noire : *A77176* avec un
insigne circulaire rouge et un insigne circulaire noir
H. 25,4 cm ; l. 20,3 cm ; ép. 5 cm
T45
Collection De Menil, Houston, Texas ; William Channing, Santa Fe,
Nouveau-Mexique.

AIAM Été 1990, p. 7 ; William Channing août 1990, lot 163 ; VINCENT
1995a, p. 28.

Les pochettes à munitions des premières armes à feu se portaient sur la poitrine, suspendues au cou par un lacet. Les Crees du Nord utilisaient celles à fond arrondi, alors que les rectangulaires, comme celle-ci, prévalaient chez leurs voisins ojibwa. Les deux modèles sont décorés par deux bandes horizontales de motifs géométriques, brodées minutieusement au métier à grille, de piquants de porc-épic (voir Painter 1991, pp. 83-85, cat. 98 ; Dockstader 1962, fig. 141 ; Best et McClelland 1977, p. 14, cat. 104, p. 20 ; Duncan 1989a, pl. 4 ; Christie's 1986, lot 25). Le travail aux piquants, curviligne ou semi-floral sur la partie haute de la pochette, ainsi que la bande en rouge et blanc alternés bordant le panneau avant sont caractéristiques des Ojibwas du Manitoba après 1800. Ces pochettes et les cornes à poudre, destinées aux armes à feu à chargement par le canon, furent démodées, à partir de 1860, par l'introduction des fusils à cartouches. Il existe très peu de documents sur les pochettes retrouvées et elles sont habituellement attribuées aux Chipewyans.

55. Couteau et étui

Red River Ojibwa, sud Manitoba ; vers 1830
Couteau : acier, corne de buffle africain, garnitures de laiton et d'os
Étui : daim, piquants de porc-épic
Attaché au dos de l'étui, à l'encre noire : *North America (souligné) Knife Sheath covered on one side with fine quill-work* et *...knife* ; de l'autre côté, au crayon : *Northern Dene, Great Slave Lake District* et à l'encre noire : *from HB [?]...*
L. 33 cm
T88 a, b
Collection Harry G. Beasley, Cranmore Ethnographical Museum, Chislehurst, Kent, Angleterre ; A. Cooper, Angleterre ; Donald William Stuart Donald, Londres, Angleterre ; Alan S. Cook, Walton-on-Thames, Surrey, Angleterre ; Sotheby's, New York ; Taylor A. Dale, Santa Fe, Nouveau-Mexique.

Sotheby's, juin 1992, lot 118 ; VINCENT 1995a, p. 43.

Fabriqués en Angleterre ou en Écosse, les couteaux de ce type furent destinés au commerce des fourrures de l'Ouest canadien pendant les premières décennies du XIXe siècle. Leurs manches sculptés dans de la corne ou de l'os présentent toujours des disques de laiton et d'os autour des rivets qui maintiennent la lame. D'après l'étude des étuis de ces robustes couteaux, il semble que Fort Garry, aujourd'hui Winnipeg, fut leur principal point de distribution. En effet, les décorations au métier à grille de piquants de porc-épic étaient de style ojibwa de la Red River et le délicat travail floral de piquants qui s'y ajoutait parfois était la spécialité des Indiennes métis de la région. John Painter pense que ces couteaux et ces étuis de grande qualité, relativement rares, étaient des cadeaux destinés aux clients indiens importants de la Compagnie de la baie d'Hudson (Painter 1991, p. 36). L'identification des origines de la plupart de ces objets a été victime de la théorie, erronée, qui prétendait que ce travail de piquants au métier était produit par les Indiens crees ou chipewas.

56. Sac à panneaux

Red River Ojibwa, sud du Manitoba ; vers 1790
Peau de bison, perles « pony », fil de laine, fil de nerf
L. 48,4 cm ; l. 27,9 cm
T89
Acquis au XIXᵉ siècle par un membre de la famille McHaffie-Gordon,
Wigtownshire, Écosse ; collection particulière, Édimbourg, Écosse ;
Phillips Auctions, Londres ; Walter Banko, Montréal, Québec.

VINCENT 1995a, p. 44.

Cette poche plate rectangulaire, en peau de bison peinte cousue au nerf et qui a un panneau inférieur brodé au métier à grille, de perles « pony », est un exemple rarissime de sacs de ceinture qui devinrent communs de la baie James à la Columbia et jusqu'au Yukon. Les peintures géométriques sur ce modèle sont identiques à celles des longs manteaux de peau de la région du Manitoba de 1780-1820, et la peau de bison indique qu'il provient de l'extrême sud de cette région. Les perles « pony », datant du début du commerce de la fourrure, ont été tissées avec des fils de nerf sur une trame de lanières de peau ocre rouge, rappelant l'artisanat de la région des Grands Lacs et du Nord-Est au XVIIIᵉ siècle. De même, la composition du sac est directement dérivée d'un prototype, peint et brodé de piquants, acquis dans la région des Grands Lacs dans les années 1720. Ce sac a été confectionné dans le Manitoba du sud, vraisemblablement par des personnes élevées dans la tradition culturelle de la région des Grands Lacs. La région de la vallée du sud de la Red River devint un centre de production de ce type de sacs vers 1830. Cet exemplaire est un document rare et important sur la transition entre un style propre aux Grands Lacs et une innovation intervenue dans la région du nord-ouest. Le style de la Red River issu de cette adaptation est déjà notable sur ce sac avec le motif géométrique tissé sur le panneau inférieur. Ce motif (un rectangle central, quatre rectangles plus petits dans les coins et des triangles entre les coins) resta très populaire pendant de nombreuses décennies.

L'identification des auteurs de ce sac est rendue hasardeuse par l'hétérogénéité de la population indienne du sud du Manitoba. Après 1800, un grand nombre d'Ojibwas du Minnesota émigrèrent dans cette région, se mélangeant aux habitants crees et assiniboines. Indépendamment des distinctions entre Ojibwas ou Crees, toutes les bandes régionales étaient en fait des groupes multi-ethniques, quelques-unes comprenant même des Indiens ottawa du Michigan. Cet ancien sac à panneaux révèle l'amalgame des styles artistiques cree et ojibwa d'où émergea le style caractéristique de la Red River.

Métis de la Red River, sud du Manitoba ; vers 1800
Tissu de Stroud, soie, fils de laine, perles de verre
À l'intérieur, étiquette volante Sotheby's imprimée, au stylo à bille noir : 91 ;
étiquette Sotheby imprimée, au stylo à bille noir : *ref 5/1*, au feutre rouge :
M133254/4 et au stylo à bille bleu : *03*
L. 58,4 cm ; l. 25,4 cm
T90
Acquis entre 1800 et 1809 par Dudley Ryder (1762-1847), Ier comte de
Harrowby, Staffordshire, Angleterre ; héritage de la famille Harrowby ;
Sotheby's, New York.

Sotheby's, novembre 1992, lot 91 ; Sotheby's Art at Auction 1992-1993,
p. 177 ; exp. THE 45TH ANNUAL WINTER ANTIQUES SHOW, 14-24 janvier 1999,
Seventh Regiment Armory, New York.

U ne génération sépare ce sac à panneaux des tout premiers exemplaires connus de ce type. Le tissu de Stroud rouge et l'appliqué
en soie ont remplacé la peau et les peintures décoratives, mais le panneau tissé de perles « pony » a conservé, à peu près, la même composition de rectangles et de triangles. L'appliqué en soie, toujours très
simple, est comparable à celui du sac à panneaux acquis par Jasper Grant
avant 1809 et qui se trouve maintenant au National Museum of Ireland
(voir Phillips 1984, p. 62, fig. 14, p. 42). On trouve d'autres similari-
tés entre ces deux sacs, comme l'utilisation de perles à collier ovales sur
les franges et le mélange de fines mèches de laines rouge et jaune.

Pour rechercher l'origine de ce sac, il est important de tenir compte
des similitudes dans les détails ainsi que de la multiplication rapide de
sacs de ce genre devenus populaires après 1800. Aucune description
ni photographie n'a jamais permis de rattacher ces sacs à une tribu spécifique. Tout porte à croire qu'ils étaient fabriqués par les métis et utilisés aussi bien par eux que par d'autres intermédiaires du commerce
de la fourrure. Après 1760, un flux régulier de la population Métis de
la région des Grands Lacs se déplaça vers l'ouest. Concentrée dans la
région de la Red River, cette population grandit rapidement au point
que les mariages entre les nouveaux arrivants devinrent une règle établie et les mariages avec des Indiennes, une exception. Cette situation
justifia de dissocier l'art métis de l'art ojibwa ou cree.

58. Robe

Nez-Percé ; Idaho, Oregon ou Washington de l'est ; vers 1850
Peau de chevreuil, fil de nerf, perles « pony », coquilles de dentalium
L. 1,98 m ; l. 1,34 m
T96
James Economos, Santa Fe, Nouveau-Mexique ; Chester Dentan, Santa Fe, Nouveau-Mexique.

Morning Star Gallery 1991, pp. 40-41 ; PETERSON, PEERS 1993, pp. 62-63 ; exp. MUSEUM OF THE ROCKIES 1993-1995.

Ce type de robe féminine, appelé « queue-de-chevreuil », est confectionné avec deux grandes peaux de chevreuil entières. Les parties arrières de chaque peau étaient pliées et cousues ensemble, les queues se trouvant au centre à l'encolure, pour former la ligne d'épaule droite et retombaient en formant des ondulations gracieuses en travers de la poitrine et du dos. Sur la largeur de ce plissé naturel formant comme un plastron, les femmes de la région du Plateau brodaient une large bande de motifs sobres avec des perles « pony ». Cette robe doit son nom aux queues de chevreuil aux poils coupés court, laissés à l'encolure sur la poitrine et le dos. Les parties avant des peaux formaient le bas de la robe. La découpe du cou de l'animal et de ses pattes avant était taillée et ajustée avec des empiècements pour créer un tombé régulier. Il est étonnant que les Nez-Percés aient adopté ce type de robe, considérée d'influence blackfeet. La coupe et la décoration de tous leurs autres vêtements montrent plutôt une forte influence crow. Néanmoins, la robe « queue-de-chevreuil » était populaire parmi la plupart des tribus de l'est de la région du Plateau et Richard Conn émit une hypothèse plausible en suggérant que le mouvement d'influence fut plutôt dans le sens inverse (Conn 1974, pp. 60-63). Il soutient que la diffusion vers l'ouest de la robe « queue-de-chevreuil » suivit la route prise par les chevaux du sud-ouest qui traversèrent le Grand Bassin avant d'arriver dans le Plateau. Les Indiens du Plateau devinrent les principaux pourvoyeurs de chevaux pour les Indiens des Plaines. Dans ce cas, ces derniers ont pu adopter la robe « queue-de-chevreuil » parmi d'autres choses.

59. Masque de cheval

Nez-Percé, Idaho, Oregon ou Washington de l'est ; vers 1875-1900
Tissu de Stroud, tissu bleu, doublure en coton et fil, perles de verre,
boutons de laiton, crin de cheval, miroir, plumes, rubans de soie, peau,
hermine
L. 81,2 cm ; H. 1,01 m
T97
Acquis des Indiens nez-percé à Nespelem, Washington ; Jerrie et Anne
Vander Houwen, Yakima, Washington ; Howard Roloff, Victoria, Colombie
britannique ; Jonathan Holstein, Cazenovia, New York ; Morning Star
Gallery, Santa Fe, Nouveau-Mexique.

Vincent 1995a, fig. 45 ; exp. The 45th Annual Winter Antiques Show, 14-
24 janvier 1999, Seventh Regiment Armory, New York.

Les Nez-Percés et autres tribus du Plateau riches en chevaux emprun-
tèrent aux Indiens des Plaines l'usage du masque à cheval. Alors que
ces derniers les fabriquaient en peau et habituellement les recouvraient
complètement de piquants de porc-épic, les Indiens du Plateau les préféraient en tissu de Stroud rouge décoré de tissu bleu appliqué de quelques
motifs brodés de perles. La touffe de plumes sur le haut est typique des
masques à chevaux du Plateau. Sur le masque Thaw, elle est en plumes
de pic-vert taillées et décorées ; quelques-unes ont encore des morceaux
de fourrure d'hermine collés à leurs pointes. Toute la longueur de l'arrière est ornée de crins de cheval teints en jaune, bleu et violet. Réservées
aux grandes occasions dès les premières années du XXᵉ siècle, ces parures
sont encore parfois utilisées lors de parades comme celle de la Pendleton
Round Up. Ces masques pour chevaux sont souvent des biens de famille
datant de la fin du XIXᵉ siècle, et la singulière crête de plumes suggère l'existence d'un ancien symbolisme religieux.

Sud-Ouest

Andrew H. Whiteford

Le Sud-Ouest n'est pas seulement une aire géographique mais aussi une région historique et culturelle remarquable. Souvent décrit comme une vaste contrée semi-désertique, il englobe une bonne part du Grand Désert américain. Il comprend aussi d'importantes chaînes montagneuses, de fertiles vallées et des rivières turbulentes. Les Indiens vivant aujourd'hui dans cette région sont les descendants de deux cultures anciennes : celle des Paléo-indiens chasseurs de mammouths et autres animaux disparus, à la fin de l'ère glaciaire (8000 av. J.-C.), et celle de peuples moins anciens, qui développèrent au nord du Mexique quelques-unes des sociétés archaïques les plus sophistiquées. Ces cultures ont survécu et se sont perpétuées. Ainsi que l'expliquait un de ses membres : « Dans le Sud-Ouest, comme nulle part ailleurs dans l'Amérique indienne, tout ce qui est vital demeure tel qu'il a toujours été, intemporel. » (Ortiz 1994, p. 160.)

Le Sud-Ouest est aussi une des premières régions d'Amérique du Nord explorées et colonisées par les Européens, et l'influence de la culture hispanique introduite à cette époque lui donne son caractère particulier. Au milieu du XVIᵉ siècle, le frère Marcos de Niza (1539) puis Don Francisco Vasquez de Coronado (1540), bientôt suivis par d'autres, furent les premiers explorateurs à pénétrer dans cette région. Remontant depuis le Mexique, les Espagnols trouvèrent cette immense contrée occupée par de nombreuses tribus indiennes. Vers 2000 ou 1000 av. J.-C., certains de leurs ancêtres arrivés là vers 6000 av. J.-C. commencèrent à cultiver du maïs et des courges importés du Mexique et devinrent d'excellents agriculteurs. Mais les Indiens ne constituent pas un peuple homogène. Leur langage, leur mode de vie et leur vision du monde diffèrent les uns des autres.

Il en est de même pour leur art et leur artisanat. Certains réalisent des poteries magnifiques, d'autres en font peu mais sont d'extraordi-naires tisserands. Quelques-uns perpétuent la vannerie et la joaillerie traditionnelles, tandis que d'autres innovent dans diverses formes d'art. Aujourd'hui la plupart de ces œuvres sont destinées aux commerçants et aux collectionneurs, mais certaines sont toujours utilisées par les Indiens eux-mêmes, comme le faisaient leurs ancêtres. Bien que ces Amérindiens préservent et respectent leurs traditions ancestrales, ils ont évolué pour s'adapter au monde moderne, dans les arts comme dans l'agriculture. Beaucoup d'entre eux ont poursuivi leurs études dans différents domaines dont la médecine, la législation, les sciences, afin de servir leur peuple et les autres. Une grande partie de la population du Sud-Ouest occupe toujours le territoire de ses lointains ancêtres. C'est une de ses caractéristiques qui ne se retrouve dans aucune autre région des États-Unis.

On peut qualifier la superficie du Sud-Ouest d'immense : de l'est de la Californie au Colorado et du centre de l'Utah jusqu'à l'intérieur du Mexique. La disparité géographique est impressionnante : déserts, sommets enneigés, canyons et rivières ; les peuples ont des cultures et des expressions artistiques d'ubne infinie variété : des Euro-Américains, des Mexicains, de vieilles familles Espagnoles et de nombreuses sociétés amérindiennes. Sans oublier la dimension historico-sociale de la région : des Euro-Américains depuis 1540, mais des Indiens depuis six mille ans avant notre ère. Nulle part ailleurs aux États-Unis, l'histoire des populations n'est aussi ancienne et complexe. L'ouvrage *The Handbook of North American Indians*, publié par la Smithsonian Institution, couvre le Sud-Ouest en mille cinq cent soixante-huit pages réparties en deux énormes volumes. Ici nous nous limiterons à quelques feuillets ; ils donneront une vue d'ensemble du Sud-Ouest comme à travers le regard d'un oiseau, mais d'un oiseau qui vole vite et très haut au-dessus de cette intrigante aire géographique.

60. 61. 62. Tumplines (sangles de portage)

Anasazi – Basketmaker (probablement Basketmaker III), Arizona
septentrional/Nouveau-Mexique ; 400 av. J.-C. – 700 ap. J.-C.
Fibres de yucca, coton indigène et/ou chanvre (apocynum), pigments
T743 : L. 46 cm ; l. 5 cm
T744 : L. 43 cm ; l. 5 cm
Provenant d'une famille de commerçants de Gallup, Nouveau-Mexique.
T773 : L. 17 cm ; l. 5 cm
Collection particulière, Arizona ; Ron Messick Fine Arts, Santa Fe, Nouveau-Mexique.

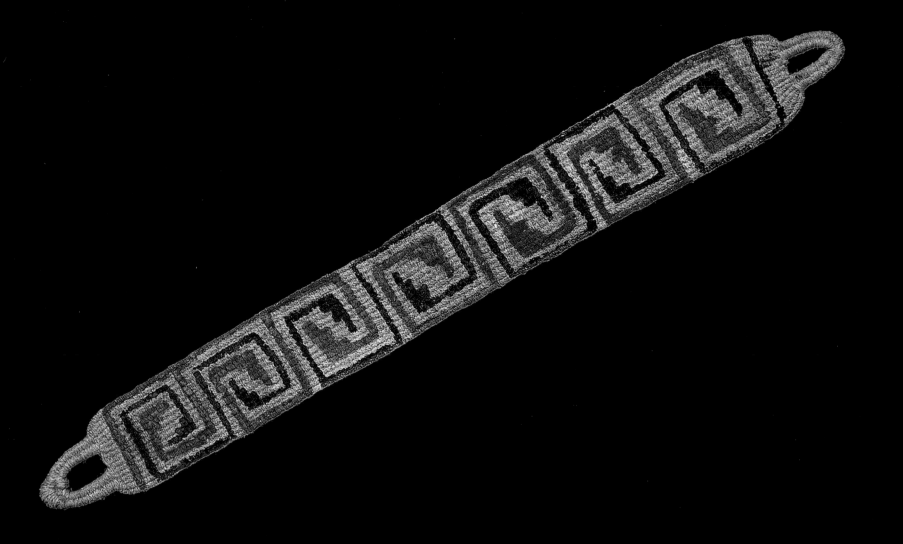

Dépourvus de « bêtes de somme » pour les aider, les premiers habitants du Sud-Ouest transportaient tout sur leur dos. Les fardeaux étaient attachés avec une robuste tresse en fibres de yucca et les sangles de portage étaient passées autour du front des porteurs. Les exemples montrés en textiles cordés sont tissés selon la méthode ancestrale la plus répandue : deux fils de trame serrés et noués autour de gros fils de chaîne. La chaîne, qui porte tout le poids, est une corde à deux brins en fibre de yucca. Les tisserands tendaient habituellement les fils de chaîne entre deux piquets et passaient les fils de trame à la main. Les anneaux formés par les piquets étaient enveloppés par les fils de trame et les cordons de portage y étaient attachés. La face interne du bandeau est en coton indigène (parfois en fibres d'apocynum) dont le contact est plus doux et plus confortable sur le front, que les fibres de yucca. Les motifs caractéristiques, ornant aussi les paniers, sont créés soit par application directe de pigments, comme sur cet exemplaire (voir Kent 1983, p. 77, pl. 1) soit par la teinture des fils de trame comme sur l'exemple T744 (voir Whiteford *et al.*, 1989, p. 91 ; Fane 1991, pp. 64-65, fig. 2). Les couleurs particulières sont obtenues par des teintures d'origine minérale et végétale. Le motif géométrique simple consiste en des zigzags obliques et en escaliers, se répétant comme dans un miroir, avec des différences de couleurs. L'association de ces couleurs est rare, car le bleu n'est apparu qu'au début de l'époque pueblo. Cela pourrait être la première utilisation de l'indigo. Quelques nuances de couleur sont créées par l'application de pigments, comme le fond jaune qui est probablement fait de limonite, ou un des matériaux végétaux comme le gutierrezia (« rabbit brush »), le solidago, etc. Le blanc est probablement du coton brut. La technique employée est appelée tissage cordé par enroulement de la trame avec des fentes aux points de connexion.

63. Pendentif de coquillage à mosaïque

Salado, centre de l'Arizona ; 1200-1400
Coquille d'huître épineuse, turquoise, coquille de praire, poix
Pendentif : H. 10,1 cm ; l. 10,1 cm ; ép. 2,5 cm. Collier : L. 35,5 cm
T101
Anthony Berlant, Los Angeles, Californie ; Xavier Fourcade, New York.

VINCENT 1995a, p. 47.

Ce bel ornement est fabriqué à partir de la coquille d'un grand bivalve, probablement l'huître épineuse, troquée ou ramassée dans le Golfe de Californie. Le coquillage débarrassé de ses piquants montre sa couleur naturelle, un orangé chatoyant. Les fragments de coquillage et de turquoise ont sans doute été ajoutés ultérieurement. Les tribus hohokam (300 av. J.-C. – 1450 ap. J.-C.) ainsi que les Salados qui les « rejoignirent » vers 1100 et partagèrent la plupart de leurs formes artistiques, décoraient des coquillages avec des mosaïques de turquoise (voir Neumann et Ashtons 1976, fig. 5.2 et 5.37). La turquoise et autres pierres soigneusement taillées se fixaient sur les supports avec de la gomme ou de la poix végétale. Cette technique se répandit dans tout le Sud-Ouest et se perfectionna dans la culture anasazi. Beaucoup de grands coquillages (spondyles, pecten et coques) encore décorés de cette façon sont précieusement conservés pour être portés lors des cérémonies, en particulier chez les Zunis et les Pueblos du Rio Grande comme les Santo Domingos.

64. Bol

Culture mimbres, sud-ouest du Nouveau Mexique ; vers 1000-1150 :
argile, pigments
Sur le fond, à l'encre noire : *2-B59* ; un point bleu est collé sur le fond,
imprimé : *2*
H. 10,1 cm ; diam. 22,8 cm
T413
Minneapolis Institute of Art, Minneapolis, Minnesota ; George Terasaki,
New York.

Les potiers de la culture mimbres décoraient les bols avec des motifs abstraits ou des dessins très réalistes. Les scènes réalistes dépeignant la vie de tous les jours sont particulièrement belles. Sur ce modèle, l'artiste a dessiné sept flèches disproportionnées dans le corps d'un ours, pour ainsi exprimer tout à la fois une chasse fructueuse et l'intrépidité du chasseur.

65. Bol

Culture mimbres, sud-ouest du Nouveau Mexique ; 1000-1500
Argile, pigments
H. 10,1 cm ; diam. 20,2 cm
T99
J. V. Desvaux ; Morning Star Gallery, Santa Fe, Nouveau Mexique.

SNODGRASS 1975, fig. 186 et 186a ; VINCENT 1995a, p. 47.

La culture mimbres, prospère entre 1000 et 1250 au sud-ouest du Nouveau-Mexique, est réputée pour sa poterie picturale. Les céramiques mimbres, à la texture dense et au poli parfait, étaient admirablement confectionnées. Sur les bols peints en blanc, se détachaient des figures noires qui souvent, comme sur celui-ci, viraient au rouge à la cuisson. Les illustrations décrivent des activités de la vie quotidienne, la chasse, la pêche et l'agriculture, aussi bien que des animaux ou des danseurs masqués lors de cérémonies. Les chiens servaient parfois, mais rarement, de modèles aux céramistes qui représentaient ceux utilisés pour la chasse avec un collier et à une longue queue. Deux chiens sont décrits sur deux autres bols ; l'un est entraîné à sauter à travers un cerceau (voir Brody 1977, fig. 152) le deuxième accompagne une femme qui ramasse du bois (voir Brody 1977, fig. 113).

66. Bâton « papillon »

Hopi, Arizona ; vers 1890
Bois, pigments, ficelle
H. 62,8 cm ; l. 10,1 cm
T107
Peter Hester, Camp Verde, Arizona ; Native American Art Gallery, Venice,
Californie ; Morning Star Gallery, Santa Fe, Nouveau-Mexique.

AIAM Été 1984, p. 7 ; STINGL 1990, p. 27, fig. 3.

L e bâton est composé d'un morceau de bois légèrement aplati et
de deux figurines peintes en forme de « papillon », attachées par
des cordelettes en fibre passées dans des trous sur les ailes. Les figurines ont le corps massif des papillons de nuit du genre *Actius luna*,
bien que cette espèce se trouve généralement plus à l'est. Les papillons
de nuit ont des teintes légèrement lavande et safran, que l'on retrouve
sur la hampe et le disque en haut du bâton. Les papillons diurnes et
nocturnes, généralement symboles de fertilité chez les Pueblos, sont
reproduits en peinture sur les poteries et en broderie sur les châles ou
les écharpes cérémonielles.

67. Châle de danse de femme

Hopi, Arizona ; vers 1915-1935
Coton, laine
Étiquette bordée métal, au feutre noir : *B-4549 Hopi shawl c.1880-95 59 ;
41*
H. 1,49 m ; l. 1,04 m
T108
Sotheby's, New York ; Gerald Peters, Santa Fe, Nouveau-Mexique.

Sotheby's, octobre 1982, lot 22.

Contrairement aux Navajos, chez qui les femmes sont les tisserandes, le tissage pueblo est fait par les hommes – hormis chez les Zunis où l'activité est mixte. Les Navajos apprirent la technique du tissage au contact des Pueblos. Longtemps avant l'introduction du mouton par les Espagnols, les tribus pueblos tissaient le coton indigène et autres fibres végétales (voir Feder 1971b, pl. 20 ; Kent 1983, p. 47, pl. 8). Depuis 1900 la production pueblo s'est affaiblie, hormis chez les Hopis qui maintiennent encore cette activité. Jadis, le tissage familial procurait les vêtements de tous les jours, alors qu'aujourd'hui il est réservé aux parures cérémonielles, dont ce châle hopi est un exemple. Ce dernier est tissé en coton naturel avec deux bandes de broderies en fil de laine. Le fond noir est couvert de motifs aux lignes fines qui évoquent la poterie préhistorique. Les bandes brodées sont divisées en cinq blocs, séparés par des bandes vertes. Chaque bloc est composé d'une broderie en forme de losange sur lequel se détachent des nuages de pluie, stylisés et colorés, ou des papillons. Le châle a été tissé à Hopi, mais les broderies proviennent peut-être d'un autre Pueblo.

68. Pot

Santa Clara, Nouveau-Mexique ; vers 1900
Argile
Sur le fond, étiquette : *132/Eldodt Collection*
H. 22,8 cm ; diam. 35,5 cm
T112
Samuel Eldodt, San Juan Pueblo, Nouveau Mexique ; Richard Spivey,
Santa Fe, Nouveau Mexique.

La poterie noire Pueblo existe depuis plus de trois cents ans et quelques exemplaires de Santa Clara datent du début des années 1800. Ce style traditionnel a été le pivot d'un nouvel essor dans la production et le raffinement de la poterie noire, stimulé à partir de 1919 par les créations de Maria et Julian Martinez à San Ildefonso. Bien avant cette date, les potiers de Santa Clara étaient réputés pour leurs vases volumineux et leurs bols, noirs. Ils les fabriquaient à partir de la fameuse argile rouge Tewa contenant des oxydes ferriques, qui devient rouge vif à la cuisson en atmosphère oxydante (quand l'oxygène est en contact avec le pot pendant la cuisson) et noire comme le jais lorsqu'elle est cuite avec un minimum d'oxygène. Le pot finement poli de la collection Thaw date d'environ 1900. À cette époque, la forme de la plupart des pots pueblos était sphérique ; datant du XVIIIe siècle, le style avec un renflement bas et un col large fut introduit à Santa Clara par Kenneth Chapman et Edgar Lee Hewett, anthropologues de Santa Fe (voir Batkin 1987a, p. 73 ; Harlow 1990, pl. 86). Le petit bourrelet sur le renflement représente l'arc-en-ciel, et les stries autour du bord représentent les gouttes de pluie. Le fond en angle aigu confère au pot un raffinement extrême. Cette technique de modelage de l'argile était caractéristique de la poterie de Santa Clara.

69. Pot

Par Maria (1887-1980) et Julian (1885-1943) Martinez, San Ildefonso, Nouveau Mexique ; vers 1925
Argile, pigments
Sur le fond, signature : *Marie*
H. 27,9 cm ; l. 30,4 cm
T575
Offert par Maria Martinez au docteur Frank Lane, Santa Fe, Nouveau-Mexique, en remerciement de ses soins à son mari Julian ; Mme Margaret Young, Cochiti, Nouveau-Mexique ; Al Packard, Santa Fe, Nouveau-Mexique ; M. et Mme R. J. Dellenback, Wyoming ; Richard Spivey, Pebble Beach, Californie.

C e magnifique pot polychrome fut confectionné par Maria Martinez et peint par son mari Julian. Ce couple créa quelques-unes des plus belles poteries pueblos jamais faites. Les peintures, réalisées par Julian avec des pinceaux en feuilles de yucca, étaient à base d'argile rouge et de *guaco* (carbone) noir bouilli, résultant de la combustion de la plante *bee-weed* [1] des montagnes Rocheuses. La teinte orange claire du fond vient d'un engobe de bentonite de Cochiti qui fut introduit vers 1900. Avant cela, l'engobe traditionnel était péniblement poli à la pierre tendre, tandis que l'engobe Cochiti s'appliquait avec une étoffe ou un morceau de laine et pouvait être poli simplement avec un chiffon. Dans les mains de novices, le résultat donnait un aspect granuleux et zébré auquel remédia Maria grâce à sa minutie et sa dextérité. Le polissage à la pierre perdura sur les poteries noires et sur la plupart des pots rouges sur fond noir, deux styles dans lesquels les Martinez excellaient. Ils inventèrent aussi la fabuleuse poterie décorée de dessins noirs polis sur fond noir mat. Julian peignit les premiers motifs à plumes et l'*Avanyu* ou Serpent à plumes. Il était maître dans l'art de la peinture aux traits fins et il créa des figures complexes et entrelacées, en une large bande autour du corps du pot et en lisière étroite sous le col des pots. Les triangles fendus et les intéressantes figures en négatif sur ce pot sont caractéristiques de son œuvre. Julian mourut en 1943, mais Maria poursuivit son œuvre avec son fils Popovi Da, son petit-fils Tony Da, et sa belle-sœur Santana, jusqu'à sa mort en 1980.

Note

1. Nom vernaculaire de la *Cleome serrulata* (NDT).

70. Kilt de danse

Tesuque, Nouveau-Mexique ; vers 1900-1915 ; vers 1880 (Maurer) ; 1900-1910 (Frank)
Cuir tanné de commerce, pigments, laiton, cônes en cuivre et en fer blanc
Sur la lanière de cuir, à l'encre bleue : *Paul Vigil* ; quelques-uns des grelots sont en fer blanc et ont un fond vert avec des inscriptions : *ED IN / FU ; P ; OBIL/ATS*
L. 1,21 m ; l. 50 cm
T711
Larry Frank, Arroyo Hondo, Nouveau-Mexique ; Sotheby's, New York.

MAURER 1977, p. 237, fig. 344 ; HOLSTEIN, ERDMAN 1979, p. 19, pl. 23 ; Sotheby's, novembre 1995, lot 57.

Dans l'important cérémonial des danses pueblos, les danseurs portaient habituellement des kilts courts tissés en coton et décorés de broderies multicolores. Les kilts en peau de daim, comme celui-ci, se portaient probablement couramment à une époque antérieure alors qu'aujourd'hui ils sont réservés aux danseurs mimant la guerre et la chasse (voir Wardwell 1981, p. 63, fig. 66). L'*Avanyu* ou

Serpent à plumes, est peint sur ceux des danseurs-bisons et réapparaît régulièrement, peint ou gravé, sur les poteries de San Ildefonso, Zia, Santa Clara, Tesuque et autres villages Pueblo du Rio Grande. À Hopi, l'*Avanyu* orne les kilts des danseurs-serpents et la katchina Visage-Large *(Wuyak Kuita)*. La frange du bas est constituée ici de cônes en métal du commerce, certains étant fabriqués avec des douilles vides de balles de fusil, et d'autres à partir de couvercles de boîtes de conserve. Le Serpent à plumes, un être surnaturel associé aux récoltes abondantes, est gravé sur des coquillages découverts dans les grands lieux cérémoniels préhistoriques du Sud-Est, de la Floride à l'Oklahoma (Etowah, Moundville, Spiro). Deux gigantesques pétroglyphes représentant l'*Avanyu* sont visibles sur les hauteurs d'une falaise du Galisteo Basin, au sud-est de Santa Fe, non loin de la vallée du Rio Grande. Ils suggèrent une influence, réciproque ou unilatérale, de la culture mexicaine sur celle du Sud-Ouest. Associé au dieu-héros mexicain *Quetzalcoatl*, le Serpent à plumes se retrouve sur les terrasses de la pyramide du Soleil à Teotihuacán ainsi que sur les parapets et les colonnes du temple des Guerriers à Chichen Itza.

71. Pot

Zia, Nouveau-Mexique ; vers 1840
Argile, pigments
H. 22,8 cm ; diam. 33 cm
T117
Robert V. Gallegos, Santa Fe, Nouveau-Mexique ; Morning Star Gallery,
Santa Fe, Nouveau-Mexique.

HARLOW 1990, pl. 39 ; VINCENT 1995a, p. 52.

Pendant plusieurs siècles, le village pueblo de Zia, entre Albuquerque et Santa Fe, a conservé sa notoriété pour la finesse de sa poterie (voir Frank et Harlow 1974, p. 108, fig. 101). Il produit encore aujourd'hui de nombreux pots aux formes diverses, d'un modelage parfait et très fin. Francis H. Harlow et quelques autres classent ce pot dans la catégorie « Trios », mais Jonathan Batkin considère que Trios est une phase dans le long processus de l'évolution du « polychrome de Zia », qui s'est transformé graduellement depuis la fin du XVIIIe siècle. À partir de l'examen de plusieurs exemplaires, Batkin préfère les classer tous dans cette dernière catégorie. Sur le col du pot, le motif est caractéristique de Trios, mais sur le corps, avec ses rectangles rouges simples et massifs, il est plutôt Santa Ana. À Zia, la poterie est toujours traitée avec du basalte noir réduit en poudre puis peinte avec des pigments minéraux.

72. Mante

Acoma, Nouveau-Mexique ; vers 1850-1875
Laine
Étiquette volante rectangulaire jaune, imprimée : *Grogan and Co., Boston ;*
et au feutre noir : *409*
L. 96,5 cm ; l. 1,09 m
T481
Collection particulière, Greenwich, Connecticut ; Groghan and Company
Fine Art, Boston, Massachusetts.

Les mantes faisaient partie des pièces fondamentales de l'habillement féminin, et se portaient comme une robe ou sur l'épaule comme une couverture. Chaque bordure, laborieusement brodée de rouge et de vert, est l'image en reflet de l'autre, et l'ensemble procure un effet de contraste éclatant sur le fond de laine noire. Les textiles des Acomas, réputés pour leur maîtrise en tissage et en couture, étaient très recherchés.

73. Couverture, Troisième Phase

Navajo, Arizona ; vers 1860-1880
Laine, fil de commerce teint à la cochenille, teinture bleu indigo,
teintures organiques et synthétiques
H. 1,80 m ; l. 1,29 m
T124
Don de Gerald Peters, Santa Fe, Nouveau-Mexique en l'honneur
d'Eugene V. et Clare E. Thaw.

KAUFMAN, SELSER 1985, p. 30, fig. 43 ; VINCENT 1995a, p. 59.

Entre 1860 et 1880, l'apparition de neuf larges dessins en forme de losanges, ou diamants, et demi-diamants sur les bandes des couvertures navajos, donna lieu à une classification appelée Troisième Phase (voir Berlant et Kahlenberg 1977, pl. 34). Quand la couverture était enroulée autour d'une personne, un losange se plaçait au milieu du dos, et les demi-losanges se rejoignaient devant pour former un dessin complet. Cet exemplaire est, comme la plupart, merveilleusement tissé en larges bandes de laine blanche et marron naturel avec des lignes étroites de fils noués et refilés, teints en rouge vif obtenu avec de la cochenille, et de diamants aux contours échelonnés en escalier. L'intérieur des diamants est constitué de fils noués ou de *bayeta,* et la couleur marron-jaune est obtenue avec des pigments végétaux. L'alternance de lignes rouges et bleu indigo donne l'impression que le bandeau central est violet.

74. Sarape d'homme

Navajo, Arizona ; vers 1840-1860
Laine, fil de commerce probablement teint à la gomme, teinture bleu indigo
L. 1,77 m ; l. 1,32 m
T125
Gerald Peters, Santa Fe, Nouveau-Mexique.

KAUFMAN, SELSER 1985, p. 36, fig. 53 ; VINCENT 1995a, p. 60 ; VINCENT 1995b, p. 65, pl. V.

Probablement sous une influence d'origine mexicaine, la large mante traditionnelle se transforma en longs châles étroits vers le milieu du XIXᵉ siècle. Quelques-uns de ces sarapes avaient une ouverture pour passer la tête et se portaient comme des ponchos. Ils étaient posés sur les épaules et enveloppaient le corps ; ils servaient aussi de couvertures pour dormir et de tapis de selle (voir Kent 1985, p. 55, pl. 10 ; Berlant et Kahlenberg 1977, pl. 33). Des détails de motifs anciens, similaires à ceux des « couvertures de chefs » pueblos, continuèrent à orner ces textiles, avec des triangles ou des zigzags en bordure, des losanges au centre, et des bandes claires et foncés alternées pour constituer le fond. Le rouge vif de ce châle est en *bayeta,* probablement teint à la gomme ; les interstices roses des rectangles s'obtiennent par un mélange de *bayeta* et de blanc naturel, et les raies sont en blanc et en indigo profond.

75. Sarape « Eye Dazzler » (Qui éblouit l'œil)

Navajo, Arizona ; vers 1875-1885
Fil Germantown 4-fils, teintures synthétiques rouge, verte, jaune et
marron clair, bleu indigo, fil blanc naturel filé à la main
Étiquette entourée de métal, au feutre noir : *B-265 Navajo Germantown
Blanket c. 1875-85 90 ; 52*
H. 2,28 m ; l. 1,32 m
T128
Gerald Peters, Santa Fe, Nouveau-Mexique.

KAUFMAN, SELSER 1985, p. 50, fig. 77.

En 1863, quand les Navajos furent libérés par le gouvernement
américain de leurs quatre années d'incarcération, ils ne possédaient que quelques moutons et peu de biens. Les premiers commerçants à venir dans la réserve leur apportèrent de la laine de commerce
filée serré et teinte de nouvelles couleurs vives, à base d'aniline.
Fabriqué à Germantown en Pennsylvanie, ce fil à quatre brins serrés
épargnait aux tisserands le fastidieux travail de préparation, de filage
et de teinture de la laine. Le Germantown permit l'éclosion d'un nouveau style de châles aux motifs complexes et aux couleurs vives, appelés *Eye Dazzlers* (Qui éblouit l'œil). La combinaison de losanges en
escalier, de zigzags entremêlés et de bandes transversales dévoilait une
véritable prouesse technique (voir Kent 1981, p. 12). Généralement
destinés à la vente, quelques-uns étaient utilisés dans la réserve. Les
fils de chaîne étaient en coton et les bords des sarapes s'ornaient de
franges. Cet exemplaire ancien d'*Eye Dazzler* garde toujours les caractéristiques (bandes et losanges au milieu) d'un châle « classique ». Il
est possible que le tisserand ait appris son métier à la fin de la période
classique, avant que la laine de Germantown, aux teintures synthétiques, ne fasse son apparition.

76. Sarape

Navajo, Arizona ; vers 1850-1860
Fil blanc naturel filé à la main, bleu indigo, fil de Saxe teint à la cochenille
L. 99 cm ; l. 1,45 m
T126
Bob Ward ; Robert Musser, Aspen, Colorado ; Morning Star Gallery,
Santa Fe, Nouveau-Mexique ; Bert Lies, Santa Fe, Nouveau-Mexique ;
Joshua Baer, Santa Fe, Nouveau-Mexique.

BAER 1986, fig. 2 ; BAER 1991 p. 585, pl. VIII.

Les sarapes de cette période portent les motifs de bandes et de carrés à escaliers des premières mantes. Les losanges et les figures dentelées reflètent l'influence mexicaine plus récente. La taille relativement plus réduite du châle ainsi que la délicatesse des motifs et des couleurs, suggèrent qu'il fût confectionné pour une femme. Le fil simple naturel apparaît dans les sections blanches du motif. Le bleu profond est obtenu avec de l'indigo, le bleu pâle avec de l'indigo dilué. Les parties rouge vif sont tissées avec du fil de Saxe à trois brins et des fils non tors, tous teints à la cochenille.

77. Ceinture concha Première Phase

Navajo, Arizona ; vers 1870-1880
Argent, cuir, métal, fil
H. 7,6 cm ; L. 1,22 m
T28
Millard J. Holbrook II, Santa Fe, Nouveau-Mexique.

Les ceintures concha de ce type, désigné comme « Première Phase », sont parmi les premiers bijoux en argent réalisés par les Navajos. Ces conchas anciennes sont reconnaissables à leur forme ovale et à leur ouverture découpée en losange. Une autre caractéristique de la Première Phase est la prédilection pour un lustrage naturel sur une surface non décorée, plutôt que pour des motifs en incision ou en repoussé, ou pour des incrustations de turquoise. L'argent s'obtenait en faisant fondre les pièces de monnaie américaines ou mexicaines. Les hommes et les femmes navajos qui portaient ces ceintures lourdes et imposantes les considéraient comme un élément important de leur tenue vestimentaire. Au début du XXe siècle, l'accroissement de la demande touristique pour un style léger, et facile à porter, de joaillerie navajo, popularisa le port de la ceinture concha parmi les Non-Indiens.

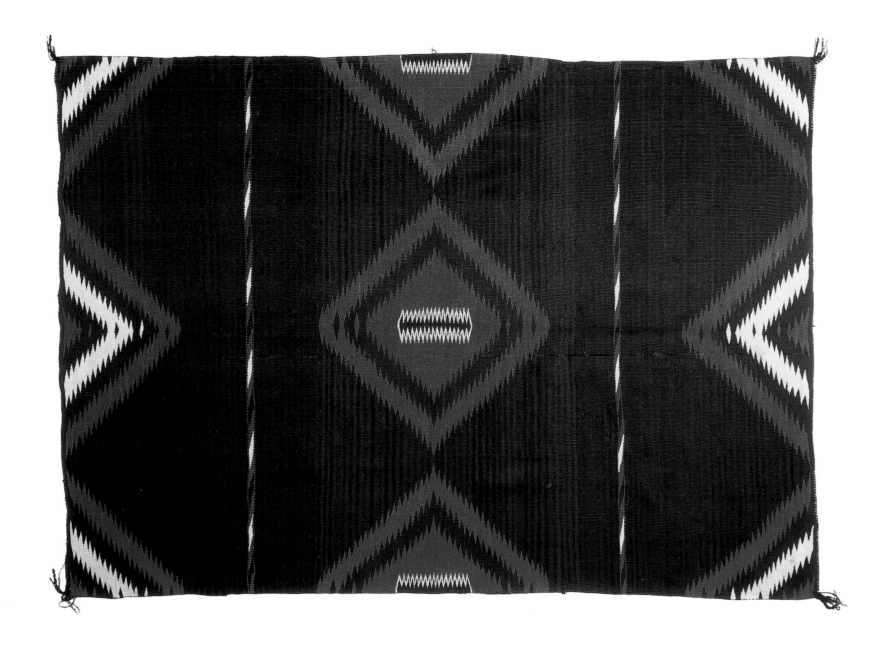

78. Couverture de style moqui

Navajo, Arizona ; vers 1870
Laine, bleu indigo, teinture synthétique
L. 1,82 m ; l. 1,32 m
T458
Gerald Peters, Santa Fe, Nouveau-Mexique.

Les commerçants du XIXe siècle utilisèrent le mot « Moqui » pour désigner les Hopis, auxquels ils attribuaient, à tort, la confection de ce type de couvertures à bandes extrêmement étroites. L'influence de l'art mexicain saltillo est évidente dans le motif central en grand losange, superposé aux anciennes bandes horizontales caractéristiques des premières couvertures navajos.

79. Collier

Navajo, Arizona ; vers 1900
Argent, turquoise
L. 40,6 cm.
T617
Dean Stanley, Charlottesville, Virginie ; Toby Herbst, Santa Fe, Nouveau-Mexique.

AIAM Automne 1994, p. 43.

Les Navajos ont longtemps été admirés pour leur capacité à incorporer de nouvelles formes d'art à leur culture. L'orfèvrerie fait partie de ces assimilations fructueuses. Les orfèvres navajos, sous l'impulsion d'Atsidi Chon, furent initiés à l'art de l'orfèvrerie par des artisans mexicains aux alentours des années 1860. Ce type de collier, appelé « boutons de fleurs de courges », se popularisa au point de devenir une particularité de la joaillerie navajo.

80. Plateau

Apache de l'Ouest, Arizona ; vers 1915
Baguettes de bois, éclisses de saule ou de peuplier, *martynia proboscidea (devil's claw),* racines de yucca
Morceau d'étiquette bordée de rouge, à l'encre noire : *Apache #5 [?]*
H. 12,7 cm ; diam. 48,9 cm
T130
Claire Ziesler Chicago, Illinois ; Morning Star Gallery, Santa Fe, Nouveau-Mexique.

VINCENT 1995a, p. 55.

Les larges récipients plats ou plateaux, traditionnellement confectionnés pour glaner et faire sécher les graines, devinrent au début du siècle des articles de commerce destinés aux collectionneurs et aux touristes (voir Whiteford 1988a, p. 71 ; Tanner 1982, pp. 92-93, fig. 4.8). Ils sont fabriqués en spirale, de la droite vers la gauche avec une armature formée de tiges ou brins, et sont cousus avec de fines éclisses de saule ou de peuplier américain. On n'attribue pas, ou peu, de valeur symbolique aux motifs noirs en *martynia proboscidea* et rouges en racines de yucca, mais l'irrégularité de la position de ces motifs dans le cercle extérieur et dans l'étoile centrale rouge et noire est typique du travail apache. De tels espacements n'arrivent que rarement dans la vannerie, même dans celle des Yavapais qui est très proche de celle des Apaches. Beaucoup de paniers apaches de l'Ouest ont des figures à pétales et/ou à étoiles à plusieurs pointes à leur centre. Ce panier est plus foncé qu'il ne devrait l'être naturellement, probablement à cause de l'altération ou de souillures.

81. Sac de selle

Apache, Arizona ; vers 1880
Peau, tissu rouge de commerce, ocre, pigment, métal, cordelette
Sur le bord inférieur, étiquette ronde à bord métallique avec d'un côté,
à l'encre noire : *Saddlebags bought at Sioux Agency 1888* et de l'autre côté,
petite étiquette adhésive ronde, au feutre noir : *AI 181* ; attachée au centre
d'un côté, étiquette Sotheby's rectangulaire avec un adhésif circulaire
vert, imprimée d'un côté : *321*, et de l'autre côté : *7228*
L. 2,41 m ; l. 45,7 cm
T764
James Alsdorf, Chicago, Illinois ; Sotheby's, New York.

Sotheby's, octobre 1994, lot 112 ; Sotheby's, décembre 1998, lot 321.

Les Apaches, peuple plein de ressources, quittèrent la région sub-arctique du nord-ouest du Canada pour s'installer dans le Sud-Ouest entre le XIIIᵉ et le XVIᵉ siècle. Le cheval, introduit dans la région vers 1540 par Francisco Vasquez de Coronado, fut adopté par les Apaches qui se convertirent à la culture équestre. Les sacs de selle sont les pièces les plus étonnantes du harnachement réalisé par les Apaches, réputés pour leur travail d'empiècement et de découpage de la peau. Ils mettaient en valeur leurs motifs décoratifs en cuir en les appliquant sur du tissu de commerce rouge.

82. Panier

Apache, Arizona ; vers 1900-1910
Enroulement à trois baguettes, saule, opoponax, racine de yucca rouge
H. 60,9 cm ; diam. 60,9 cm
T468.

Les Apaches tressaient de grands paniers pour stocker leurs biens de tous les jours, et aussi pour les touristes qui admiraient leurs qualités de vanniers. La hauteur du panier est mise en valeur par les lignes en escalier qui zigzaguent en diagonale. Les petits personnages tressés, en *martynia proboscidea* et en racines de yucca rouges, embellissent le dessin.

Californie

Andrew H. Whiteford

Les premiers habitants de ce qui allait devenir la Californie se distinguaient des autres Indiens par au moins deux caractéristiques. Premièrement, ils étaient paisibles et vivaient bien sans trop de difficultés et sans agriculture. Deuxièmement, les gens qui envahirent leur terre les soumirent à un traitement encore plus brutal que celui qui fut infligé à toutes les autres tribus. Leur population, la plus dense de toute l'Amérique du Nord, était répartie entre des centaines de petites tribus indépendantes, parlant trois cents dialectes différents. Malgré des différences entre les contrées qu'ils habitaient, le climat californien était sain et le territoire si naturellement productif que l'agriculture était inutile. De nombreuses variétés de noix, de fruits et de graines se récoltaient, mais le gland représentait l'élément de base de leur subsistance. Les Californiens étaient les seuls Indiens à savoir préparer les glands, en les broyant et en filtrant la farine obtenue pour en enlever l'acide tannique amer. Avec cette farine, ils faisaient des soupes, des galettes et des gâteaux. Au moins dix espèces de chêne offraient de généreuses récoltes de glands comestibles. De plus, le poisson et le gibier abondaient sur la plus grande partie du territoire. Les Indiens de Californie se conformaient à une vie cérémonielle complexe ; ils produisaient de magnifiques articles avec des plumes et sculptaient occasionnellement, mais ils ne travaillaient ni la poterie d'art, ni le tissage, ni les métaux. Un artisanat spécifique, développé dans toutes les tribus de Californie, donna au monde une des plus belles vanneries. C'était une expression artistique dans laquelle ces Indiens excellaient. La plupart des paniers du Nord étaient fabriqués par la technique de l'entrelacement, alors que dans les tribus du Sud, celle de l'enroulement prédominait. Les Pomos, Miwoks, Maidus et autres tribus du centre utilisaient aussi bien les deux procédés. Les modifications techniques dans ces deux procédés étaient pratiquement infinies, et les paniers avaient de multiples emplois dans la vie cérémonielle comme dans la vie quotidienne. Les paniers ajourés remplissaient la fonction de tamis, de sacs, de nasses pour la pêche, mais aussi de porte-bébé et de berceaux. Des bols magnifiquement décorés contenaient de la nourriture ; les plus grands étaient remplis d'eau dans laquelle on plongeait des pierres brûlantes pour la chauffer et faire cuire la soupe ou le ragoût. Les grands paniers étaient indispensables pour le stockage des noix et des graines et la plupart des femmes portaient des chapeaux en forme de bol. Certains paniers avaient des formes spécifiques pour des cérémonies particulières – les paniers de « Jumping Dance », par exemple – tandis que d'autres, réservés aux funérailles ou autres rituels, étaient décorés de perles ou d'une mosaïque de plumes aux couleurs éclatantes. Vendus aux marchands et aux collectionneurs, les merveilleux paniers de Californie sont devenus, depuis une époque récente, une importante source de revenus pour les Indiens. Quelques beaux spécimens s'achètent dorénavant des dizaines de milliers de francs, et certaines tribus stimulées par ce nouvel intérêt ont recommencé à en produire. Parmi les premiers explorateurs qui les collectionnèrent durant leurs voyages en Californie, se trouvaient Georg von Langsdorff (1806), le comte amiral Ferdinand von Wrangell (1833), Ilya Gavrilovich Voznesensky (1840-41) et Charles Wilkes (1841). L'histoire des Indiens de Californie après les premiers contacts est souvent découpée en trois périodes : la période des missions espagnoles (1769-1822), la période mexicaine (1822-1847) et la période américaine (1847-1972). Les Indiens qui vivaient en Californie n'ont jamais vraiment eu la possibilité de s'adapter aux bouleversements qui s'abattirent sur eux. Ceux qui survécurent aux missions espagnoles, aux haciendas mexicaines, aux chercheurs d'or américains et aux commandos d'autodéfense « Tueurs d'Indiens » en sortirent appauvris et sans terre. Chaque nouveau programme gouvernemental aggrava leurs conditions et ils durent se battre avec le Bureau des Affaires indiennes pour acquérir un minimum d'autodétermination. De nombreuses associations, indiennes ou non, tentèrent d'améliorer leur sort, mais ce ne fut pas avant le mouvement national des droits civils et celui pour le développement pan-indien, que les revendications des Indiens, concernant la santé, l'éducation et le foncier, furent prises en considération. Leurs requêtes ne furent pas toutes entendues, tant s'en faut, mais leur condition s'améliora. Les réformes dans le domaine de l'éducation laissent espérer que leur futur sera différent, et peut-être meilleur.

Yurok, nord de la Californie ; vers 1900
Bois de cerf
L. 15,2 cm ; l. 5 cm
T132, T133, T134
William Channing, Santa Fe, Nouveau-Mexique.

Les tribus Klamath et Trinity River (Yurok, Hupa, Karuk) étaient structurées selon des échelons sociaux et accordaient une grande importance à la richesse personnelle. Celle-ci se traduisait par la possession de coquilles de dentalium, de lames d'obsidienne, de peaux blanches de chevreuil, de scalps de pics-verts et d'autres biens servant lors des cérémonies. Ces peuples vivaient confortablement, utilisant les ressources abondantes des rivières, de l'océan et des forêts qui les entouraient. Comme dans les autres tribus, ils consommaient beaucoup de glands et utilisaient pour les cueillir et les cuire des paniers fabriqués par entrelacement. Pendant leurs nombreuses festivités et cérémonies, les hommes utilisaient ces élégantes cuillères en bois de cerf au cours des repas ; les femmes se servaient de coquilles de moules (voir Goddard 1903, pl. 16 ; Conn 1979, pp. 268-269, fig. 369 et 370 ; Miles 1963, pp. 184-185, fig. 7.133). Les bois de cerf étaient la propriété de familles aristocratiques. Pour fabriquer les cuillères, des sections de bois de cerf étaient découpées en lamelles que l'on travaillait à la vapeur pour les rendre flexibles. Quand la cuillère prenait la forme désirée, on la laissait durcir avant de la polir à la meule. On trouvait une grande variété de formes, mais toutes dévoilaient une exécution nerveuse et gracieuse, avec un manche souvent en zigzag.

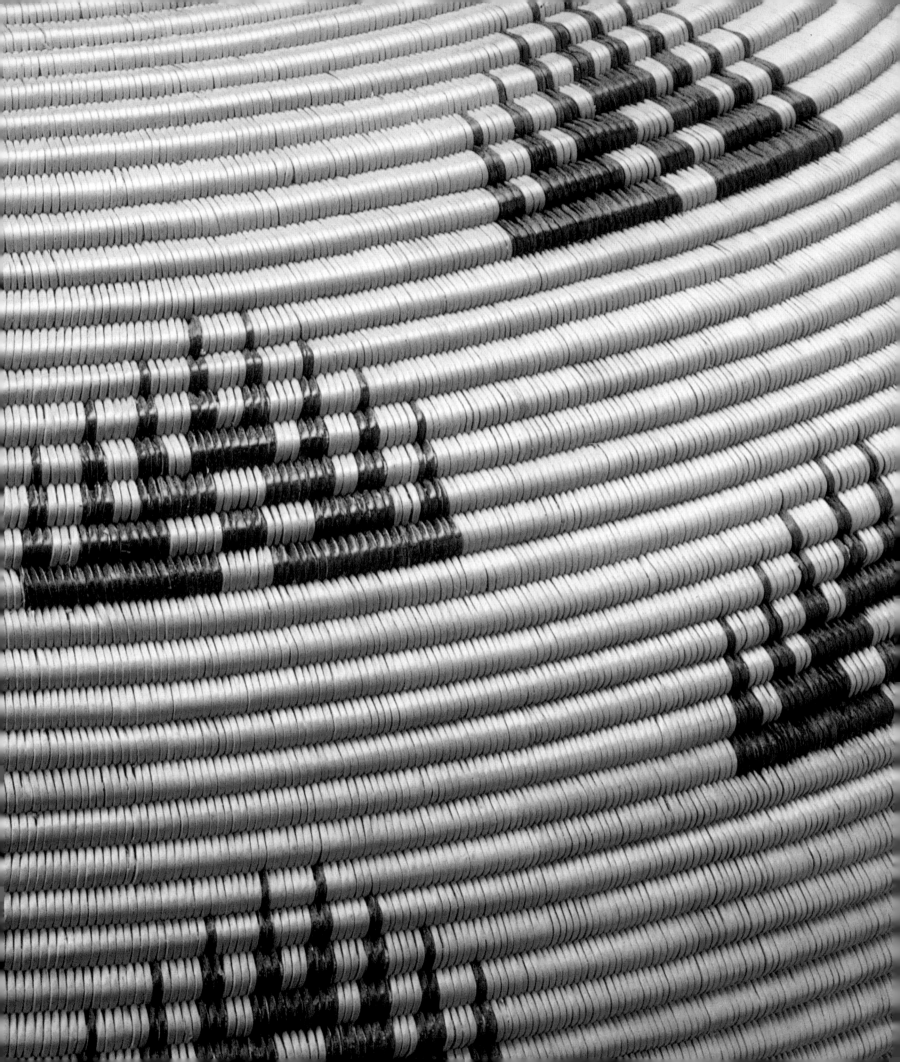

Le Grand Bassin

Andrew H. Whiteford

Le Grand Bassin est une aire géographique et culturelle distincte qui se trouve au nord et à l'ouest de la région du Sud-Ouest. Elle couvre 155 000 km² entre la Sierra Nevada et les montagnes Rocheuses, touchant plusieurs États et englobant la majeure partie du Nevada et de l'Utah. Cette immense région comprend de hautes montagnes et des déserts mais un climat aride ou semi-aride y prédomine. Sec et accidenté, le sol n'est guère propice à l'agriculture ou à l'élevage. Néanmoins, il fut habité sur presque toute sa superficie par les Indiens pendant des millénaires, et quelques-unes des plus anciennes cultures d'Amérique du Nord s'y développèrent. Ces peuples, ainsi que leurs descendants, survécurent grâce à leur connaissance du milieu, auquel ils adaptèrent des outils et des modes de vie appropriés. N'ayant guère d'aisance matérielle, ils vivaient en petites bandes qui se déplaçaient selon les saisons, ne se rassemblant qu'à l'occasion de cérémonies pour consolider les liens d'unité entre elles. Elles étaient largement disséminées à travers toute la région, et les Paiutes – ou Shoshones – de langue numic étaient un exemple classique de société de chasse et de cueillette. La connaissance intime de leur environnement leur permettait d'exploiter la moindre source de subsistance avec sagacité. Chaque tige, racine, feuille et fleur ou fruit était consommé ; la plupart des insectes et des reptiles devenaient source de nourriture ; cerfs, antilopes, chevreuils, mouflons, lapins et autres étaient chassés, notamment avec des pièges et des filets. Quand ils trouvaient du poisson ou des crustacés, ils les ajoutaient à leur ordinaire. Mais la frontière entre la vie et la mort était mince, et l'arrivée des Blancs la rendit encore plus précaire. Avec l'introduction du bétail les sources devinrent boueuses, l'herbe fut piétinée et la terre labourée pour les cultures ; finalement les Blancs détournèrent les rivières pour les retenir dans des barrages, rendant l'eau inaccessible aux Indiens. Leur mode de vie traditionnel impitoyablement détruit, les Indiens furent finalement « installés » dans des réserves. La plupart d'entre eux furent obligés de travailler pour les nouveaux arrivants, en tant que saisonniers ou serviteurs. Leur vie changea dramatiquement, mais ils survécurent.

Les peuples du Grand Bassin se sont toujours adaptés aux changements mais, privés de ressources naturelles de subsistance, la plupart d'entre eux furent réduits à la pauvreté, dépendant totalement de maigres rémunérations. Dans les années soixante, une nouvelle prospérité sembla possible quand le gouvernement restitua aux tribus de grandes portions de terre. Des millions de dollars furent dépensés pour rembourser les dettes et améliorer la vie des familles, mais seules quelques tribus investirent leurs fonds dans des entreprises génératrices de revenu stable, et la période de prospérité se tarit avec peu d'améliorations durables. Depuis 1970, avec le programme gouvernemental de construction de nouveaux logements et d'équipements scolaires, la situation s'est à nouveau améliorée. Des efforts ont été faits pour relancer l'économie et fonder des entreprises solides, mais le manque de capitaux, de formation professionnelle et l'ingérence des organisations industrielles nationales ont continué à limiter et à frustrer les efforts des Indiens.

86. Panier « Beacon Lights » (fanaux)

Louisa Keyser (Dat So La Lee ; vers 1850 – 6 décembre 1925), Washoe,
Carson City, Nevada ; 1er juillet 1904 – 6 septembre 1905
Osier, arbre de Judée de l'ouest, racine de fougère arborescente
À l'intérieur, étiquette bordée de rouge, à l'encre noire : *F1*
H. 27,9 cm ; diam. 40,6 cm
T751
Abe et Amy Cohn, The Emporium Company, Carson City, Nevada ;
Gottlieb A. Steiner (F1), Pittsburgh, Pennsylvanie ; Elsa Steiner Huff,
Pittsburgh, Pennsylvanie ; William S. Huff, Pittsburgh, Pennsylvanie.

DAVIS 1905, p. 460 ; The Emporium Company 1905-1906 ; *Los Angeles
Examiner,* 19 décembre, 1906 ; COHN 1909, pp. 78-79 sqq. (ill.) ; KELLER
1910, pp. 74-75 ; *Carson City News,* 10 mars 1914 ; *Carson City News,*
15 mars 1914 ; *Nevada Appeal,* 1er avril 1914, p. 1 ; *Carson City News,*
1er avril 1914, p. 1 ; *Nevada American,* 4 avril 1914 ; MACNAUGHTON 1915,
vol. XIV, no 2, p. 14 [légende avec un autre cliché] ; Carnegie Museum
1915, p. 34 sqq. (ill.) ; *Carson City News,* 20 mai 1915, p. 1 ; *St. Louis
Dispatch,* 21 octobre 1919, p. 3 ; *Nevada State Journal,* 7 décembre 1925 ;
Carson City Daily Appeal, 7 décembre 1925, p. 1 ; *Carson City News,*
8 décembre 1925, p. 1 ; *Summerfield,* 13 décembre 1925, p. 1 ; *Smaill,*
15 août 1926 ; Standard Oil Company of California, juillet 1931, p. 13 ;
SCRUGHAM 1935, p. 114 ; BRAVE 1936, p. 46 ; Nevada State Museum –
Appendice 1947, vol. I, p. 13 ; FIELD 1964, n. p. ; CERVERI 1968, p. 42 ;
ZIGMOND 1979, p. 324, p. 328, fig. 6, p. 330 ; COHODAS 1979a, p. 7 ;
COHODAS 1983, p. 8 ; COHODAS 1986, p. 208 ; NUNLEY, BERLO 1991, p. 40 ;
BERLO 1992, p. 8 ; COHODAS 1992, pp.103-104, 115, 129 ; BERLO, PHILLIPS
1998, p. 136 ; exp. The Emporium Company, Carson City, Nevada 1905-
1914 ; exp. Carnegie Museum, Pittsburgh, Pennsylvanie 1914-1937, Acc.
L446 ; exp. G. A. Steiner Museum for American Indian Baskets 1972-
1986 ; exp. Yosemite Park Museum, Yosemite, Californie 1987-1993 ; exp.
Cleveland Museum of Art, août 1994 – décembre 1997 ; exp. The 45th
Annual Winter Antiques Show, 14-24 January 1999, Seventh Regiment
Armory, New York City.

L'Indienne Louisa Keyser est indubitablement la productrice de vannerie la plus réputée d'Amérique du Nord. Son œuvre renommée a atteint les prix les plus élevés de toute la vannerie. Le panier de la collection Thaw, connu sous le nom de « Beacon Lights » est le panier le plus historiquement significatif sa carrière et la plus célèbre de ses créations (Cohodas 1992, pp. 88-133 ; Cohodas 1982, pp. 119-40).

Marvin Cohodas

La Côte Nord-Ouest

Steven C. Brown

De la Columbia à Yakutat, en Alaska, la Côte Nord-Ouest est une région riche d'une grande diversité de cultures indiennes. Semblables en plusieurs points dans leur adaptation au milieu, elles sont marquées par de profonds contrastes dans leurs expressions culturelles et artistiques, ainsi que dans leurs structures sociales. D'un bout à l'autre de la côte, les différences géographiques de la région ont déterminé le choix et le volume du matériel culturel, que ce soit pour les objets de la vie quotidienne ou ceux rattachés aux croyances religieuses et aux cérémonies. La structure sociale et la mythologie sont aussi des facteurs clefs dans la réalisation des formes artistiques, ainsi que dans la nature des images représentées. Enfin, les différences de motivations qui animent les structures cérémonielles influencent les arts d'une façon intéressante et significative.

Le fil conducteur le plus important à travers cette région est sans doute le caractère maritime des sociétés multiculturelles, dont les moyens de subsistance et de transport reposent sur le réseau navigable qui relie la côte, les îles et les rivières. Grâce aux ressources de la faune marine, à la pratique de la cueillette et aux méthodes de conservation des récoltes, ces sociétés purent subsister et développer progressivement leurs traditions et leurs expressions culturelles. Dans la plupart des régions cinq espèces de saumons constituaient la ressource alimentaire de base, mais d'autres poissons et mammifères marins occupèrent dans certaines tribus un rôle aussi essentiel. Pour s'approvisionner en viande, huile, peaux et fourrures tant prisées, les chasseurs de la mer, dans de magnifiques canoës de cèdre ou d'épicéa sculptés, traquaient les mammifères terrestres et marins – phoques, lions et loutres de mer, vaches de mer de Steller (rhytines).

Les seuls groupes linguistiques du Nord-Ouest à avoir chassé activement les baleines sont les Nootkas (Nuu-chah-nulth), sur la côte ouest de l'île de Vancouver, les Makahs et les Salishs de la côte de l'État de Washington. La viande et plus encore l'huile de baleine étaient très prisées, tout autant que les os et les fanons qui constituaient des matériaux de base pour la création d'objets d'art et utilitaires. Les chasseurs préféraient la baleine à bosse et la baleine grise, qui longeaient la côte du Pacifique au début du printemps, lors de leur migration vers les riches territoires nourriciers de l'Alaska. L'ivoire des épaulards et des autres espèces à dents comme les cachalots était obtenu quand ces animaux s'échouaient sur la plage, ce qui arrive encore. Au milieu du XIXe siècle et plus tard, les baleiniers commerciaux recrutaient parfois des hommes d'équipage indiens, ce qui procura plus de dents de cachalot qui s'ajoutèrent à celles acquises par troc dans les comptoirs commerciaux, tel celui de Fort Victoria. L'ivoire de morse se diffusa dans la région, par le littoral de la mer de Bering de l'Alaska occidental. En plus des dents de cachalot, l'ivoire originaire de la Côte Nord-Ouest provient des grandes canines d'ours, noirs ou bruns (ou grizzlys), et aussi de celles, plus grosses, des vaches de mer de Steller.

Les mammifères terrestres, comme le chevreuil, l'ours, l'élan, la chèvre des montagnes ou le mouflon, fournissaient non seulement la viande, les peaux ou même la laine pour tisser couvertures et manteaux, mais aussi des bois et des os très solides. Les Indiens de la région côtière maîtrisaient le travail des cornes de chèvres des montagnes et de mouflons. Ils confectionnaient des bols, des cuillères et des louches, grâce à de remarquables techniques combinant la créativité artistique et un savoir inné, complété par une parfaite connaissance de la matière brute. Les diverses cultures de la côte ont suivi un même courant d'évolution tout en adoptant diverses formes d'ustensiles culinaires sculptés dans la corne massive des grandes chèvres blanches et de deux espèces de mouflons. Dans la région la plus au nord, les longues cornes droites et noires des chèvres des montagnes sont mises en forme, bouillies, puis ouvertes et sculptées pour créer des cuillères d'une seule pièce ou parfois, pour les plus grandes, avec deux cornes : l'une est travaillée pour faire la tête de la cuillère ; l'autre, qui sert de manche, est sculptée telle quelle en personnages purement décoratifs comme un petit totem ; enfin, les deux pièces sont fixées ensemble par des rivets de corne ou de laiton. Le travail ingénieux des cornes de chèvres des montagnes est commun à toute la Côte Nord-Ouest. Les artistes, du nord comme du sud, fabriquèrent des récipients avec ce matériau ou avec les cornes de vaches domestiques introduites par les immigrants. Dans le nord, les mouflons de Dall, originaires des montagnes côtières de la Colombie britannique et de l'Alaska, ont des cornes translucides qui deviennent ambrées avec le temps. Les mouflons bighorns habitent les régions plus continentales, et leurs cornes sont plus sombres et plus opaques que celles des mouflons de Dall. Avec le temps et les générations successives d'utilisations rituelles, les bols et les louches prennent habituellement une riche couleur patinée. Ramollir les cornes à la vapeur ou dans de l'eau bouillante, puis les gratter pour les assouplir et les mettre en forme, sont des techniques partagées par les nombreux groupes de la côte utilisant traditionnellement ce matériau. La cuisson et l'assouplissement de la corne permettent de l'ouvrir et de l'élargir d'au moins deux fois sa largeur initiale, afin de confectionner des formes concaves. Les divers peuples côtiers développèrent avec les objets en corne de mouflons, des formes, des styles et des décorations qui leur étaient propres.

Dans toute la Côte Nord-Ouest, la maîtrise de l'environnement et la valorisation des matériaux bruts sont manifestes dans la beauté et la variété d'accessoires fabriqués pour les usages les plus divers : outils pour le tissage et pour le travail du bois, hameçons, boîtes en bois et vannerie, plats et cuillères en os ou en bois, manteaux finement tissés, masques sculptés et coiffes élaborées. Propres à chaque région linguistique, la mythologie, l'histoire et les motivations sociales influencent la forme et la décoration des objets, ainsi que leurs utilisations. Au nord, des facteurs sociaux tels l'affiliation au clan ou phratrie et les blasons que l'on expose, déterminent la création d'objets d'art. Ces témoignages de l'histoire et du pouvoir des ancêtres du clan symbolisent la protection des anciens à chaque nouvelle génération et tiennent un rôle capital dans la continuité des traditions. Au sud, où la motivation est plus religieuse, les forces et puissances spirituelles sont incarnées par des images symboliques d'esprits et de guides. Chacun les recherche en jeûnant, en prenant un bain rituel et en participant à des cérémonies organisées par les membres de sociétés secrètes, responsables du maintien de la culture et de la tradition. Lors des rites de passage célébrés au profit des générations futures, les

hochets et les masques sont considérés comme des objets de purification permettant de s'assurer la présence et la protection des esprits bienveillants appropriés. Des images symboliques d'esprits et d'animaux sont représentées sur les articles de la vie matérielle et spirituelle : cuillères et bols, hochets et masques. Cependant ni le nombre ni la variété de ces articles décorés dans le sud, n'ont jamais égalé ceux du nord, sans doute par le fait des différences de motivations artistiques et de pratiques cérémonielles.

Le centre de la Côte Nord-Ouest, où vit le groupe linguistique wakashan du nord et du sud, est un territoire où se mélangent, sous plusieurs aspects, les traditions des côtes nord et sud. La vie cérémonielle est gouvernée par les rituels et les codes de sociétés secrètes dans lesquelles on entrait principalement par voie héréditaire. La cérémonie était axée sur des danses qui reconstituaient l'histoire des antiques rencontres entre l'homme et les animaux ou les esprits créateurs. Ces rencontres étaient mythifiées depuis la nuit des temps, lorsque la communication directe avec les esprits qui animaient le monde physique était chose courante et soigneusement entretenue. Ces expériences originelles sont rejouées théâtralement par les descendants des ancêtres mythologiques. Ils portent des masques et des costumes, pour faire revivre les actions fantastiques des esprits et leurs métamorphoses d'animaux en êtres humains.

La tradition de la côte méridionale s'efforce de recréer le contact direct avec les esprits à chaque nouvelle génération, maintenant le flux et l'échange d'énergie entre le monde spirituel et le monde matériel. La tradition septentrionale en appelle au symbolisme des rencontres antiques, comme pierre de touche pour les membres des clans qui retracent leurs lignées jusqu'aux origines mêmes de la mythologie. Ils puisent leur dignité, leur force, et trouvent leur voie spirituelle, dans leurs racines les plus anciennes.

La vannerie est une expression artistique hautement développée dans toutes les régions de la Côte Nord-Ouest. Dans chaque région poussent des plantes avec des caractéristiques spécifiques que les Indiens vénèrent et travaillent respectueusement pour produire des récipients de toute beauté. L'écorce interne et les lanières d'écorce de cèdres rouge ou jaune, les racines de cèdre et d'épicéa, ainsi que les feuilles d'herbe des marais et les tiges de fougères ont été utilisées pendant des siècles pour faire des paniers tressés. La récolte ainsi que la préparation de ces matériaux étaient une forme d'art à elles seules, un rituel saisonnier, aussi important que la quête de nourriture, qui resserrait les liens entre les individus et leur univers. Chaque culture développa sa propre technique de vannerie – entrelacement, enroulement et tressage – ainsi que son propre style décoratif. Par le biais des mariages intertribaux, les artisans importèrent leur art dans leur nouveau foyer, favorisant la diffusion et l'évolution d'idées nouvelles. Aujourd'hui, dans de nombreux endroits, les œuvres dégagent autant de force et de raffinement que par le passé, et le tressage de magnifiques paniers et chapeaux se perpétue, qu'il soit destiné à un usage utilitaire ou au commerce.

Les traditions de la sculpture et de la vannerie se sont transmises de génération en génération, par l'enseignement de maître à élève. Dans cet enseignement, connaître les symboles culturels et savoir les répartir dans les couches hiérarchisées de la noblesse était aussi important que maîtriser les techniques de travail. Dans une tradition orale, l'art visuel possède un immense pouvoir didactique et autoritaire. Les traditions appelées à perdurer se concevaient d'après un savoir religieux et spirituel et étaient maintenues par une discipline rigide dans le but d'affirmer l'unité sociale du peuple sous la protection et la conduite d'une puissance qui lui était supérieure. Dans le nord particulièrement, le conservatisme était renforcé par la structure sociale. On ne pouvait pas devenir artiste, chanteur, orateur, vannier ou historien, sans appartenir à une famille possédant les droits requis pour participer à de telles activités. Même quand un postulant venait sous la tutelle d'un oncle, d'une tante, d'un parent ou grand-parent, il avait peu de chances de pouvoir innover, ni même de remettre en question la façon de faire. La réponse traditionnelle était : « C'est ainsi que l'on fait » (Robert Davidson, interview, 1993). Non que la créativité fût étouffée de la sorte, mais ainsi est la nature des sociétés traditionnelles ; les changements s'opèrent lentement ; il faut prendre le temps de démontrer que les idées nouvelles peuvent aussi avoir aussi une place dans un système qui a prouvé son efficacité pendant des générations.

Pourtant, l'essence même de la vie est l'évolution et le changement. Des individus artistiquement doués tout comme de nouvelles sources d'inspiration influençaient subrepticement le conformisme traditionaliste. Les conventions établies commencèrent à évoluer de multiples façons, souvent inattendues. Cette transformation n'est nulle part plus apparente que dans les changements du style de dessin bidimensionnel sur toute la côte. Les plus anciens objets subsistants, vieux de plusieurs siècles, montrent une infime, mais significative, différence avec ceux plus récents collectionnés par les premiers Euro-Américains sur la Côte Nord-Ouest. Les Euro-Américains ne furent pas les seuls étrangers à entrer en contact, dans le passé, avec la Côte Nord-Ouest. Les archives de l'histoire américaine et japonaise racontent l'aventure d'un vaisseau japonais qui fut entraîné sur la Côte Nord-Ouest par les courants d'est de l'océan Pacifique. Les naufragés s'échouèrent sur la côte de l'actuel État de Washington au début du XIXe siècle. Ils reçurent l'hospitalité des Indiens pendant une longue période, jusqu'au jour où ils purent repartir avec l'aide des premiers comptoirs de commerce (Quimby 1985, pp. 7-15). Les orages et les courants étant ce qu'ils sont, il n'y a aucune raison pour que de tels événements ne se soient pas produits dans une période encore plus ancienne.

Deux siècles auparavant, au temps des premiers contacts commerciaux, les styles de motifs du nord et du sud avaient visiblement divergé de leurs racines communes ancestrales, certainement depuis plusieurs siècles. Les conventions du style « ligne figurative » (formline) du nord qui semblent s'être affirmées depuis plus de mille ans évoluèrent à partir du prototype commun de la Côte, alors que le style du sud ne changea guère. Après les contacts euro-américains et leurs influences persistantes, les changements dans la représentation du dessin bidimensionnel ne pouvaient plus être évités, même si un courant conservateur les freinait. L'évolution s'accéléra à travers le XIXe siècle, en partie peut-être par les rapprochements entre ethnies antagonistes et de cultures différentes, depuis que les conflits intertribaux se raréfiaient et à cause des comptoirs de commerce, comme Fort Simpson et Fort Victoria, où de nombreuses tribus se côtoyaient régulièrement. Les contacts de plus en plus fréquents permirent la circulation des diverses tendances artistiques dont s'inspirèrent les sculpteurs et autres artisans des régions côtières éloignées. Ce qui hâta la propagation de l'esthétisme rigide des vieilles traditions insulaires.

C'est alors que frappèrent les terribles épidémies du début et du milieu du XIXe siècle, apparemment causées par l'introduction de maladies contre lesquelles les autochtones n'étaient pas naturellement immunisés. Elles arrivèrent au moment où la force de l'immense révolution éthique et libertaire qu'était l'ère coloniale atteignait son paroxysme. Par la suite, les gens naquirent et grandirent dans un monde qui avait déjà changé et ils s'y adaptèrent de leur mieux, sans réellement avoir conscience de ce qu'ils avaient manqué. Les premières générations, jeunes comme vieux, virent leur univers, aussi imparfait qu'il ait pu être, complètement bouleversé par les idées et les comportements des nouveaux venus, à tel point que leurs raisons de vivre ancestrales n'avaient plus raison d'être. La mort offrit aux anciens la dignité de partir avant que leur héritage culturel ne soit écrasé sur la voie du développement d'une société industrielle en pleine expansion. Cette société n'accordait aucune place à la culture traditionnelle, ni aux gens qui la perpétuaient. La domination de la société extérieure continua à gagner en puissance et en influence au début du XXe siècle, alors que les cultures traditionnelles succombaient sous les effets de l'industrialisation et des pressions sociales du gouvernement. La démographie indienne continua à s'effondrer jusqu'à la Première Guerre mondiale environ. Lorsque de nouveaux styles de vie et de nouvelles motivations émergèrent progressivement en favorisant l'autarcie des tribus, les naissances et les décès se stabilisèrent. Entravée par la politique gouvernementale et les lois contre l'expression de la tradition et des valeurs indiennes, ainsi que par les influences désastreuses des pensionnats où des générations entières furent séparées de leurs familles et de leur passé culturel, la flamme de l'exception continua néanmoins à passer par une minorité d'individus, grâce à leurs espoirs et à leurs préoccupations pour le futur de tous. Les années cinquante furent une période critique pour les cultures séculaires de la Côte Nord-Ouest et leurs voisines. Par nécessité, la crise économique et la Seconde Guerre mondiale éloignèrent les nouvelles générations des influences de leur passé, avec des moyens si puissants qu'elles faillirent disparaître. Mais l'étincelle resta vivante entre les mains de ceux qui ne pouvaient, ni ne voulaient, oublier leur identité et plus encore, de ceux qui ouvraient la voie du futur. Vers la fin du XXᵉ siècle, alors que la question de l'exclusion se résolvait avec la dissolution des barrières raciales et sociales, le respect de la beauté et de la valeur des cultures anciennes renaissait au sein des nouvelles générations multiraciales. Le rétablissement de l'érudition culturelle et de la tradition commençait à prendre de l'ampleur. Aujourd'hui, bien que beaucoup de choses aient été perdues, tout

particulièrement ces idées et valeurs véhiculées par les anciennes langues, ce qui a été sauvé ne risque plus de disparaître. Tant sur le plan spirituel qu'artistique, la Côte Nord-Ouest est peut-être plus vivante dans les générations contemporaines qu'elle ne l'a jamais été dans le passé. Dans bien des cas, les nouvelles traditions ont supplanté celles effacées par le temps et les pressions extérieures. Certains artistes indiens ont aujourd'hui maîtrisé et surpassé l'ampleur de l'évolution esthétique établie par l'élite de leurs ancêtres. Cette résurgence et ce renouveau se sont construits grâce au respect, au soutien et à la prise de conscience de gens extérieurs à ces cultures autant que par ceux qui les ont encouragées de l'intérieur.

87. Masque

Nootka (Nuu-chah-nulth), côte ouest de l'île de Vancouver, Colombie britannique ; vers 1820-1870
Aulne, peinture, cheveux
H. 30,4 cm ; l. 20,3 cm ; ép. 12,7 cm
T158
Collection particulière, Washington ; Pacific Galleries, Seattle, Washington ; Flury and Company, Seattle, Washington ; Jonathan Holstein, Cazenovia, New York.

Exp. The 45th Annual Winter Antiques Show, 14-24 janvier 1999, Seventh Regiment Armory, New York.

La similitude entre la conception sculpturale de ce masque, qui semble ancien, et les visages sculptés des Salishs de la Côte de la même période, est évidente. La principale différence entre les exemples du sud et ceux du nord réside dans la position des yeux, traités sur le plan figurant les joues, avec les proéminences les plus importantes placées entre la ligne des sourcils et le haut des yeux (Holm 1972b, pp. 79-80). Les sculpteurs de masques du nord avaient tendance à placer le maximum de modelés au bord inférieur des yeux, inclinant ainsi l'orientation des yeux vers le bas. Ici, l'interprétation des yeux est du même type que celle des anciens Nootkas et que celle de la côte méridionale de traditions bidimensionnelles : la combinaison cercle et triangle, avec des configurations positives et négatives nettement découpées sur leurs contours. Les formes triangulaires en relief négatif ont été peintes en blanc pour faire ressortir le globe oculaire entourant les pupilles protubérantes et percées. Seul un mince bord plat délimite les paupières et sépare le relief de l'orbite de celui de la joue. Le reste du visage est représenté dans un style très naturaliste, sensible principalement dans les oreilles, la proportion du nez, la ride creusée entre la joue et la bouche et la disposition du menton.

Les motifs peints sur le masque prouvent aussi une origine ancienne et ont pu être appliqués en deux occasions. Les mieux conservés, et probablement les plus récents, sont en noir, rouge et bleu Reckett (une poudre d'un bleu intense vendue en Angleterre sous forme de tablettes et qui servait à teindre en bleu les uniformes

blancs des marins britanniques). Les cercles, ovales et les formes en U sont assemblés dans des motifs de lignes fluides en relief de différentes largeurs, dont le caractère et non les détails rappellent le style « ligne figurative » du nord. Des impressions délavées de motifs similaires sont observables sur la joue droite. Elles proviennent d'une peinture plus ancienne dans laquelle le liant d'œufs de saumon était trop dilué pour que la peinture adhère durablement sur le bois. Le dessin altéré des poils de barbe semble venir du même coup de pinceau, alors que les moustaches, les joues et le front ont été peints avec un liant d'œufs de saumon mieux dosé. Ces différences peuvent aussi être dues tout simplement à un dosage malheureux pendant la même séance de décoration. La signification de ces motifs peints n'est pas tout de suite apparente, mais les orbites noires et rouges ont un rapport, bien que superficiel peut-être, avec les traditions anciennes et modernes des « maisons à fumer » des Salishs de la Côte : lors de cérémonies les danseurs se peignaient le visage en noir ou en rouge suivant le stade de leur initiation.

Les masques comme celui-ci sont souvent pourvus de cheveux et fréquemment nantis d'une attache fixée à l'intérieur et à la hauteur de la lèvre supérieure. Elle permet au danseur de tenir le masque avec ses dents, afin qu'il puisse le porter ou le cacher rapidement et discrètement sous son costume, pour jouer alternativement son propre rôle ou celui du masque. Sur ce masque, la prise de bouche porte une décoration gravée.

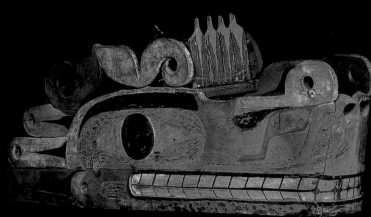

88. Paire de masques Serpent à éclair

Nootka (Nuu-chah-nulth), éventuellement Tla'oquiaht, Clayoquot Sound,
île de Vancouver, Colombie britannique ; vers 1860-1880
Cèdre jaune, épinette, sapin, peinture, écorce de cèdre rouge, boîte de
conserve, clous, tissu de coton, lacet
À l'intérieur, fragment d'étiquette sur métal de boîte de conserve :
[...]LLY. TAK- / [...] AN FROM / THE KEY. / [...] LABEL / PACKING & / LTD
Masque mâle : H. 22,8 cm, L. 66 cm, l. 15,2 cm
Masque femelle : H. 22,9 cm, L. 60,9 cm, l. 17,7 cm
T159 a, b
Jerrie et Anne Vander Houwen, Yakima, Washington ; George Shaw
Gallery, Aspen, Colorado.

Vincent 1995a, pp. 68-69.

Le Serpent à éclair, ou Heyatlik, est un personnage unique de l'art et des danses nootkas et makahs. D'une manière générale, il peut être comparé au « serpent à deux ou trois têtes » des Kwakiutls, connu sous le nom de Sisiutl, ou à ceux d'autres traditions de l'Amérique indienn Dans l'imagerie nootka ou makah, le Serpent à éclair apparaî généralement avec l'Oiseau-Tonnerre dont il est le harpon à baleine. Les masques représentant ce personnage se portent sur le haut du crâne légèrement en arrière, pour laisser une bonne visibilité au danseur. Ils sont fabriqués et utilisés traditionnellement par paire, le plus peti représentant la femelle. Rares sont les paires de masques intactes qui ont trouvé le chemin des musées ; beaucoup se retrouvent dépareillées dans des institutions publiques. Une autre paire intacte, très certainement du même artiste, fut trouvée par Charles F. Newcombe de l'île de Vancouver, et vendue à Stewart Culin en 1908 ; elle se trouve maintenant au musée de Brooklyn (voir Jacknis *et al.* 1991, p. 272, fig. 289). Dans cette dernière, un des deux masques a presque la même décoration (détails et style) que celui de la collection Thaw : la forme des sourcils, des paupières, la touche de peinture dans les orbites et l'aspect général des orifices. Les formes peintes sur les deux masques de Brooklyn sont moins symétriques entre elles qu celles de la paire de la collection Thaw. La moitié femelle de la paire de Brooklyn a des sourcils différents et des paupières plus courtes que son compagnon, bien que les deux masques aient été sans doute décorés par le même peintre. En fait, c'est pratiquement la même décoration ouveau dans les détails et le style) que sur le masque de serpent museum für Völkerkunde à Berlin (V A 7151a), qui est la moitié d'une paire du même artiste, trouvée par Karl von den Steinen à Clayoquot Sound en 1897.

Les masques Serpent à éclair se distinguent des masques de loup, aussi communs, par plusieurs facteurs : la forme du nez, la largeur de la bouch es volumes en arabesques et en pointes au-dessus des sourcils. Les loups sont généralement représentés avec un museau plus proéminent, comme tous les mammifères, une gueule quelque peu plus courte (celle-ci dépassant la pupille de l'œil) et peu, ou aucun travail de ciselure sur le haut du crâne. Pour identifier la pièce, il faut de préférence savoir à quelle tradition indienne appartenait le propriétaire

Les masques Serpent ont été faits d'un seul bloc compact dans pièce de bois, avec parfois quelques perforations délicates (voir National Museum of the American Indian). Beaucoup d'autres ont été fabriqués comme cette paire, en morceaux de cèdre rouge ou jaune, taillés avec un léger renflement latéral de l'avant vers l'arrièr De petites attaches de bois tiennent les côtés et permettent à un cadre d'entourer la tête du porteur. Les lattes de bois se rejoignent au niveau du nez, souvent fixées par une pièce étroite et plate qui forme le devant. Cette paire est quelque peu particulière, car la pièce frontale est sculptée de façon à ce que le nez du masque apparaisse arrondi. Elle possède aussi une caractéristique mécanique unique : à l'intérieur, cachées derrière le travail d'arabesques et de plumes, des petites boîtes de métal (avec des fragments d'étiquettes, probablement d'une conserverie de saumons) virevoltent quand un lacet est tiré. Du duvet d'aigle a dû être placé à l'intérieur des boîtes où une petite pale de bois articulée propulse le duvet, en tournant grâce aux mouvements et aux rotations du danseur.

Les dessins sur ces serpents exceptionnellement bien réalisés ontrent toute une série de caractéristiques novatrices du XIXe siècl Les spirales, les fentes découpées (triangles négatifs) et les délicats symboles de plumes donnent une image d'êtres célestes, en rapport avec l'interprétation du Serpent à éclair. Conçus comme parti ntégrante du motif bidimensionnel des masques, ceux-ci apparaissent comme une image peinte. Les détails des motifs peints et sculptés varient d'un côté du masque à l'autre, une caractéristique des masques nootkas. L'usage intensif du bleu de Reckett et du blanc pour rehausser les détails était relativement récent à cette période. L'utilisation de peinture en tant que texture, en mêlant deux ou plusieurs couleurs, comme dans les orbites et les autres formes de dessins, semble aussi avoir été rendue conventionnelle par les artistes de cette période.

89. Hochet

Nootka (Nuu-chah-nulth) ou Makah, île de Vancouver, Colombie
Britannique ou Washington ; vers 1800-1860
Bois (peut-être d'if), ficelle, nerf, semences de laiton, caillou
Au bout de la poignée, bande adhésive circulaire blanche,
au feutre noir : 18
H. 10,1 cm ; L. 30,4 cm ; l. 10,4 cm
T769
George Terasaki, New York ; collection particulière, New York.

Le tétras servant fréquemment de modèle pour les hochets arrondis des Nootkas est représenté ici avec son corps dodu, son cou étiré et sa crête emplumée. C'est la caricature réaliste d'un oiseau commun rencontré très souvent à la chasse le long des côtes. L'animal est interprété avec une extrême simplicité et le corps lisse et bombé du hochet lui donne une grande résonance. À l'intérieur, il devait y avoir les petites pierres que l'on trouve dans le gésier du tétras, en guise de matériel de percussion. Le traitement plat du plan représentant le devant du corps est caractéristique des hochets nooktas mais se continue en arrondi du cou de l'oiseau jusqu'à son extrémité. Le cou va en s'affinant jusqu'à la tête qui porte sur le sommet du crâne quelques plumes rejetées en arrière.

Sur le devant de la tête, un bord plat entoure la face, dont les deux plans légèrement concaves se rencontrent pour former le bec. De simples gravures en V marquent les yeux et les commissures du bec. Elles décorent aussi le haut le cou d'un motif en T en relief sur le dos et de zigzags parallèles sur les côtés. Sous le cou, un V plus profond est buriné pour alléger et affiner le hochet, lui donnant ainsi plus de résonance.

Trois paires de trous de fixation sont percées dans la coque du hochet pour joindre les deux parties avec une cordelette de fibres tressées, avec laquelle on a aussi entouré la poignée. Le poli et la patine donnent au hochet un riche aspect, qui indique son ancienneté et son utilisation fréquente. Lors des cérémonies, ce hochet appelait et apaisait les esprits tout en accompagnant les chants et les danses. On trouve un grand nombre de hochets tétras traditionnels, et le prototype initial est probablement vieux de plusieurs générations.

90. Masque Dzunukwa (Tsonoqua)

Kwakiutl (Kwakwaka'wakw), nord-est de l'île de Vancouver, Colombie britannique ; vers 1850-1870
Cèdre rouge, peau d'ours noir, cheveux, peinture, clous de fer forgé, nerf, anneau de bouche
À l'intérieur, étiquette à l'encre noire : *Amer. Mus/1898 No. 16/593* et *27211* ; étiquette rectangulaire imprimée : *27211* ; à l'encre noire : *16* ; à la peinture rouge : *Al/593*
H. 31,3 cm ; l. 25,4 cm ; P. 17,7 cm
T160
Dr Israel Wood Powell, collectionneur de 1890 à 1894 ; American Museum of Natural History (16/593), New York ; donné en 1898 au Dresden Museum (Staatliches Museum für Völkerkunde), Allemagne ; George Terasaki, New York.

Dzunukwa, décrite comme une géante très puissante, habite au plus profond des forêts et kidnappe les enfants laissés sans surveillance qu'elle emmène dans un panier accroché dans son dos. Dzunukwa possède toutes les richesses de la forêt, dont le cuivre très prisé, aussi est-elle associée aux nombreux symboles censés apporter la fortune. Ceux-ci comprennent les grands masques et les costumes en peau d'ours utilisés pour les potlatchs, ainsi que les immenses plats en bois qui contiennent la nourriture offerte à des centaines d'invités lors des fêtes et des potlatchs. Malgré sa taille imposante et sa réputation effrayante, la Dzunukwa est plutôt de nature somnolente. Elle est souvent représentée avec de petits yeux, fendus ou mi-clos, car son jeu est de faire semblant de dormir.

Ce masque, rare et très beau, semble appartenir à la catégorie connue sous le nom de « masque de chef », ou gikamhl. Ce genre de masque Dzunukwa était brièvement porté par un chef de famille sur le point de léguer une partie de ses biens, souvent à l'occasion d'un mariage, à la famille du conjoint. De taille normale pour un gikamhl, ce masque possède une sorte de mors à l'intérieur, qui peut être tenu entre les dents. Ceci permet au porteur de l'appliquer sur son visage tout en poussant le cri de Dzunukwa, « oooh-hu-hu-hu-hu », puis de le cacher rapidement afin de reprendre sa propre identité avant de prononcer un discours de circonstance. Les masques de chef offrent une grande variété de styles, entre le style traditionnel aux formes raffinées et celui au réalisme poussé comme sur le modèle Dzunukwa. La version présentée peut se classer entre les deux types : elle montre une stylisation des orbites et des oreilles, avec un tracé très aigu du contour des pommettes et des lèvres très réalistes. Les mèches de cheveux et les bandes de peau d'ours noir en guise de sourcils, de moustache et de barbe, ajoutent une dimension réaliste à cette ogresse poilue. L'expression de surprise, très justement rendue, est quelque peu inhabituelle car la Dzunukwa classique exhibe plutôt des yeux étroits, souvent mi-clos et des lèvres serrées dans un visage qui ne laisse rien présager de bon.

Le Noohlmahl, ou Danseur fou, représente un personnage étrange et hirsute complexé par son gros nez. Très soucieux des écarts de tradition, il veille au bon déroulement des cérémonies. Le Noohlmahl agissait comme un gardien du protocole et des traditions en réagissant violemment si un mot inapproprié était prononcé ou si un danseur faisait un pas de danse incorrect. Appartenant à la très ancienne tradition Kwakiutl, il a été illustré par des masques de formes et de styles variés, mais toujours attachés au réalisme du personnage incarné.

On distingue deux types de masques. Le premier est la représentation traditionnelle du personnage, avec des sourcils tombants et un grand nez souvent exagérément grossi, d'où quelquefois coule un liquide. Parfois la face est entourée d'une corde tressée à deux brins, un teint en rouge l'autre couleur naturelle, en écorce de cèdre rouge coupée en languettes. Dans d'autres cas, une sculpture en forme de corde est intégrée à la bordure du masque (voir Jonaitis 1991, p. 82, fig. 2.11). Cette corde a aussi été représentée par une tresse à deux brins, en étoffe rouge et blanche (voir Jonaitis 1991, pp. 238-239, fig. 5.10).

Le deuxième type de Noohlmahl peut être retrouvé dans un petit nombre de masques originaires de la région du village de Gwat'sinuxw (Quatsino), un site éloigné du coin nord-ouest de l'île de Vancouver, historiquement isolé du reste des villages kwakiutls. À cet endroit, certains artistes anciens ont donné tout naturellement à Noohlmahl l'image d'un lion, probablement découverte parmi les sculptures des premiers navires marchands euro-américains. Les lions étaient fréquemment sculptés sur les navires des flottes européennes, des figures de proue aux pièces de charpente appelées bout-dehors, qu'on désignait comme « tête-de-chat » en anglais. Cette poutre prolongeait la proue et supportait un bloc utilisé pour lever les anciens modèles d'ancre. Le bout de ces poutres arborait souvent une tête de lion en guise de décoration, sculptée en bois ou moulée en fonte. Ces images de lions offraient des aspects esthétiques très facilement adaptables aux interprétations de Noohlmahl.

Ce masque, aux traits félins appuyés, possède toutes les qualités caractéristiques de cette forme de représentation de Noolhmahl (voir Inverarity 1950, pl. 92 ; Coe 1977, p. 134, fig. 254 ; Macnair, Joseph et Grenville p. 154, fig. 129 et p. 189). Les spécificités du style de ce sculpteur, évidentes sur ce masque de la collection Thaw, nous renvoient à un autre exemplaire, plus petit mais du même artiste (voir Brown 1995, pp. 234-235, cat. 88). Les larges sourcils tombants ont le même tracé unique, avec entre eux, trois bandes stylisées marquant les rides du front du lion. Le nez est long et possède au bout un museau félin, dont la cloison nasale est légèrement prolongée en forme de bec crochu. De chaque côté du nez, les moustaches du félin ont été transformées en sécrétions muqueuses ; la crinière ondulante entourant la tête est traitée sobrement pour imiter la tresse en écorce de cèdre. Comme sur cet exemplaire, de nombreux masques de ce genre présentent des incrustations de laiton ou de cuivre dans les yeux ainsi qu'un ajout de cheveux sur le haut. Pour une raison inconnue, ce masque comporte quatre courts demi-cylindres de bois excessivement vernis, cloués à équidistance dans la crinière, et qui semblent avoir été rajoutés plus tard.

91. Masque Noohlmahl (Nuhlamahl)

Kwakiutl (Kwakwaka' wakw), Gwats'inuxw ; nord-ouest de l'île de Vancouver, Colombie britannique ; vers 1830-1850
Aulne, peinture, cheveux, laiton, lanière de peau de phoque, fils de nerf, morceaux de bois verni (ajoutés plus tard)
À l'intérieur, étiquette de papier imprimée : *MASK / from / N.W. Coast of America, used by the / Makah Indians, in dancing performances / after their five days secret ceremonies. / (see Annual Report of the Bureau of Ethnology. 1881-'82). / Presented By / Miss Cowie, 1863* ; étiquette ronde, à l'encre noire : *Mathias K[...]. Works of Art N 5493* ; étiquette carrée imprimée : *44*
H. 37,1 cm, l. 22,8 cm, profondeur : 20,3 cm
T161
Offerte à une collection anonyme par Mlle Cowie, Angleterre ou Écosse, 1863 ; comte de Derby, Angleterre ; Mathias Komor, New York ; collection particulière, Canada ; Sotheby's, New York ; Judith Nash, New York.

Sotheby's octobre 1981, lot 385 ; VINCENT 1995a, p. 71 ; VINCENT 1995b, pp. 62-63, pl. I ; PENNEY 1998, pp. 190, 192 ; exp. THE 45TH ANNUAL WINTER ANTIQUES SHOW, 14-24 janvier 1999, Seventh Regiment Armory, New York.

92. Effigie d'orateur

Kwakiutl (Kwakwaka'wakw), Colombie britannique ; vers 1880-1895 ; bois
(épinette ?), pigments

Sur le dos, à l'encre noire : 3990

H. 223 cm ; l. 50,8 cm

T581

Ralph C. Altman, Los Angeles, Californie ; Taylor Museum (3990),
Colorado Springs, Colorado.

Gunther 1951, n. p. ; Walker Art Center 1972, p. 124, cat. 212 (non ill.).

Lors de grandes fêtes ou de potlatchs, les Kwakiutls accueillaient
leurs invités en dressant une effigie d'orateur sur la plage, soit à
l'endroit prévu pour l'accostage des canoës, soit à l'intérieur ou à l'en-
trée d'une maison. Un orateur se tenait derrière la statue et pronon-
çait les discours de bienvenue aux visiteurs. Le ventre rebondi de la
caricature symbolisait l'abondance de nourriture et les richesses que
le chef et amphitryon comptait partager avec ses invités.

93. Masque Bakwas
« pêcheur de coques »

Bella Bella (Heiltsuk), nord-ouest de l'île de Vancouver, Colombie
britannique ; vers 1870-1880
Aulne (?), peinture
À l'intérieur, à l'encre noire : *6/8808* et *7819* ; cachet à l'encre noire :
AFYA / RAFAELI et *AFYA DOV. / RA[...]LI.*
H. 27,9 cm ; l. 20,3 cm
T163
Recueilli par Dorr Francis Tozier, U.S. Revenue Service, vers 1890 ;
Museum of the American Indian, Heye Foundation (6/8808), 1917 ;
Julius Carlebach, New York, 1942 ; collection particulière, Midwest ;
Sotheby's, New York ; Frank Wood, New Bedford, Massachusetts ;
Sotheby's, New York ; Jonathan Holstein, Cazenovia, New York.

Sotheby's octobre 1978, lot 294 ; Sotheby's décembre 1987, lot 199.

Les traditions mythologiques et cérémonielles des tribus du groupe linguistique wakashan du centre de la Côte Nord-Ouest ont en commun beaucoup de traits, et de nombreuses évidences confirment les récits historiques indiens qui décrivent la transmission de ces traditions heiltsuk-oowekeenos aux tribus voisines au nord et au sud. Les Kwakiutls, dont les villages s'étendent au sud des Heiltsuk-Oowekeenos, sont célèbres pour leurs traditions festives élaborées et théâtrales. Plusieurs de leurs cérémonies importantes et complexes, dont les danses de la société Hamat'sa (« cannibale »), proviennent des Bella Bellas et des Oowekeenos.

D'autres traditions de danse et de mythologie peuvent être aussi originaires des tribus du centre nord de la côte. Les Oowekeenos, Bella Bellas et Kwakiutls fabriquent tous des masques et exécutent la danse qui représente un homme sauvage des forêts, connu sous le nom de Bakwas en Kwakwala. Le concept peut venir des Oowekeenos. Quelquefois appelé « pêcheur de coques » en anglais, le nom décrit le goût marqué du personnage à fouiller les plages pour déguster la chair délicate de ces bivalves. Décrit comme un être timide et myope, le Bakwas est interprété par un danseur qui tout en bougeant fait souvent des pas en arrière et jette des regards furtifs sur les côtés par-dessus son épaule. Au début du siècle, le costume d'un Bakwas comportait un vêtement moulant en peau de chevreuil (voir Curtis 1915, vol. X, en face de la p. 158), alors que les danseurs contemporains préfèrent un vêtement plus ample en tissu noir décoré de rangées flottantes de tissu blanc en forme de U, autour des bras, de la poitrine et des jambes.

Ce masque porte les caractéristiques de l'interprétation bella bella de Bakwas (voir Hilton 1990, p. 318, fig. 5 b, une version bella bella, avant 1902). Un masque de « pêcheur de coques » comporte en général un front massif et protubérant, un nez crochu, des yeux enfoncés dans les orbites, de petites oreilles pointues et des lèvres retroussées qui découvrent quelquefois les dents. Les masques bella bellas de Bakwas ont fréquemment une apparence de phacochère, alors que ceux des Oowekeenos ont plutôt une apparence féline (voir Hilton 1990, p. 318, fig. 5, à droite ; Hawthorn 1967, pp. 292-295, fig. 411-418 ; Mochon 1966, p. 72, fig. 68-69 ; p. 84, fig. 88). Les versions kwakiutls sont plutôt proches du concept oowekeeno de l'Homme sauvage. Des sculpteurs kwakiutls attirés par une forme plus réaliste l'ont quelquefois représenté avec un crâne humain émacié.

L e style sculptural de la Côte Nord-Ouest est notable dans la composition du visage qui forme le point central de ce masque en forme de disque. La couronne peinte entourant le visage a souvent été associée aux masques représentant le soleil ou la lune : les éléments de la décoration de celle-ci incitent à penser que la lune est le sujet véritable, bien qu'aucune documentation ne l'atteste. La forme en croissant de lune du large bord (créé par la position excentrée vers le bas du visage), avec ses lobes de couleur bleu foncé en forme de U disposés autour du visage, suggère intuitivement l'image de la lune.

Similaire au concept de sculpture traditionnelle kwakiutl du centre de la côte, ce visage est de forme générale demi-cylindrique (Holm 1972b, p. 79). La dépression sous le sourcil englobe totalement l'œil exorbité, en opposition avec le style de sculpture des visages nootkas ou salishs. L'œil protubérant peut être décrit ici comme un petit cône inversé peu profond et tronqué, avec l'orifice de l'œil percé sur sa pointe aplatie. Les surfaces de transition, douces et arrondies entre les joues, les narines et la lèvre supérieure ainsi que dans la région du menton, révèlent une influence plus septentrionale, probablement haihais ou haisla, commune au travail bella bella. Ceci, ainsi que d'autres aspects du style de l'artiste, rapproche cette sculpture des œuvres de la région des Bella Bellas ou des Heiltsuks (voir Holm 1983c, p. 41, fig. 2.21).

L'influence artistique bella coola (nuxalk) est évidente dans ce masque, dont l'origine est sans doute le village Kwatna ou Kimsquit. Certains groupes bella bellas avaient des rapports étroits avec les Bella Coolas. Ces derniers vivaient aux extrémités des longs îlots tournés vers la mer dans l'estuaire de Milbanke, sur le territoire des Bella Bellas. Les villages kimsquit, au bout de Dean Channel, et kwatna, dans la crique du même nom, étaient des communautés mixtes, bella bellas et bella coolas, dont les habitants étaient bilingues et se mariaient entre eux (Hilton 1990, p. 314). La ligne des paupières n'est pas en relief mais simplement peinte en bleu sur le haut des yeux. Cette forme de peinture simple au-dessus d'orbites en cône tronqué est très commune dans la sculpture bella bella, ainsi que la mince rainure à l'endroit où l'orbite borde la tempe. Le plan plat du cône de l'œil est peut-être le lien le plus fort avec les pièces certifiées bella bellas (voir Holm 1983c, pp. 41- 42, fig. 2.22). L'arête étroite du nez aux narines largement ouvertes, place cette sculpture à l'écart du style bella coola, de même, la forme générale très nordique des « lignes figuratives » *(formline)* peintes en rouge en forme de U sur le panneau, suggère un style de peinture sur sculpture, plus proche des Bella Bellas que des Bella Coolas. La fine moustache peinte et la barbe peu fournie illustrent d'une manière réaliste le faciès peu poilu de certains Indiens de la Côte Nord-Ouest.

94. Masque Lune

Bella Bella (Heiltsuk), Colombie britannique continentale de la région de Milbanke Sound ; vers 1880-1900
Aulne, peinture
Sur le dos, à l'encre noire : *2.13* et au crayon : *54.3* ; sur le fil métallique du support, étiquette, au crayon : *9.74.41*
H. 33 cm ; l. 30,4 cm ; ép. 15,2 cm
T164
Harry B., British Hawthorne, Vancouver Colombie britannique ; George Terasaki, New York.

Exp. Metropolitan Museum of Art 1991-1995 ; VINCENT 1995a, p. 70 ; exp. THE 45TH ANNUAL WINTER ANTIQUES SHOW, 14-24 janvier 1999, Seventh Regiment Armory, New York.

97. Masque

Haida (Tlingit du sud ?), îles Queen Charlotte, Colombie britannique ou
Alaska du sud-est ; vers 1810-1850
Cèdre jaune, cuivre, peinture, lanières de peau
Derrière, adhésif circulaire, au stylo à bille bleu : *AA/44*
H. 33 cm ; L. 45,7 cm ; l. 22,8 cm
T185
Collection particulière, Stockbridge, Massachusetts ; William Channing,
Santa Fe, Nouveau-Mexique ; George Terasaki, New York.

AIAM Hiver 1986, p. 1 ; VINCENT 1995a, p. 78 ; ZIMMERMAN 1996, p. 123.

Les sociétés tlingits et haidas sont divisées en deux moitiés, appelées phratries, celle de l'Aigle (ou Loup) et celle du Corbeau. Au
sein de ses phratries, des subdivisions claniques possèdent chacune le
droit de porter les emblèmes ou blasons, relatifs à l'histoire de leurs
ancêtres, humains et animaux. Ce masque ancien finement sculpté
et décoré représente visiblement un corbeau, par sa couleur noire et
les formes particulières des deux parties du bec. Une grande variété
d'oiseaux est utilisée comme blasons par de nombreux clans : des
Oiseaux-Tonnerre, aigles et buses, aux pétrels, guillemots, harles et
pics-verts. Quelques-uns peuvent être représentés de façon similaire.

La fine délimitation des sourcils et la découpe extrêmement nette
de l'oreille et des paupières sont l'œuvre d'un maître. Chaque œil est
percé d'un petit trou pour que le danseur puisse voir de derrière son
masque. Les lèvres sont soulignées par une bande de cuivre commercial clouée avec des semences le long du bec mobile. Les parties supé-

rieure et inférieure du bec sont des pièces séparées, la partie supérieure
est retenue par un tenon dans la mortaise triangulaire creusée dans le
masque. La partie inférieure est articulée de façon à s'abaisser par le
moyen de charnières et pivote autour d'une cheville fixée à travers les
joues du masque. Elle semble être montée de façon à ce que les mouvements de mâchoire du danseur ferment et ouvrent le bec du masque.
Sur la partie inférieure du bec, une langue fine et mince a été fixée
sans être serrée pour qu'elle bouge librement.

La composition classique de type « formline » en U des oreilles et
la forme ovale des orbites indiquent une facture haida, probablement
du nord de Queen Charlotte (région de Masset), ou des villages kai-
gani haida du sud-est de l'Alaska. La large ouverture de la paupière
et la façon avec laquelle le bord inférieur de l'orbite de l'œil est uniforme avec le bord supérieur, suggèrent une influence tlingit, ce qui
n'est pas inhabituel dans le style des Haidas du nord. Les mâts héraldiques des Haidas du sud et les masques stylisés, comme celui-ci, de
structures apparentées, présentent généralement un plan plat pour les
joues entre l'orbite de l'œil et la lèvre supérieure.

Les masques articulés étaient généralement moins communs dans les
régions du nord que dans les régions centrales de la côte ou dans les tribus de l'île de Vancouver. Animés par les habiles mouvements de talentueux danseurs ou exécutants, ces masques sont capables de représenter
de façon théâtrale et extrêmement vivante un être réel ou imaginaire. La
surface soignée et polie de cet ancien masque laisse deviner qu'il a beaucoup servi, en tant qu'héritage inestimable d'une famille ou d'un clan.

98. Hochet

Haida, îles Queen Charlotte, Colombie britannique ou sud-est de l'Alaska ; vers 1800-1830
Aulne ou bouleau, peinture, tissu de coton, clou de cuivre, cailloux
En bas de la poignée, à la peinture blanche : *H.1458*
H. 25,4 cm ; l. 12,7 cm ; ép. 10,1 cm
T191
Collection particulière, Haslemere, Surrey, Angleterre, 1950 ; collection James Hooper (H.1458), Sussex, Angleterre ; British Rail Pension Fund ; Christie's, Londres, Angleterre, 1976 ; James Economos, Denver, Colorado ; Stefan Edlis, Chicago, Illinois.

BURLAND 1973, p. 176, pl. 15 ; PHELPS 1976, p. 312, pl. 180, cat. 1458, p. 443 ; Christie, Manson & Woods novembre 1976, lot 177 ; AIAM, Été 1977 : 85 ; exp. Metropolitan Museum of Art 1991-1995 ; VINCENT 1995a, p. 80 ; WARDWELL 1996, p. 38, cat. 21.

L es hochets de forme arrondie ont été très souvent associés aux pratiques chamaniques de la Côte Nord-Ouest, et tout spécialement celles des chamans des îles Queen Charlotte de la Colombie britannique continentale, et de l'île de Vancouver plus au sud. Leur similitude avec le crâne humain en tant que symbole du monde spirituel intérieur a été établie (Holm 1983b, p. 31). En Alaska, les chamans tlingits se servaient de hochets en forme d'oiseau à l'image de l'huîtrier-pie noir. Le son discret des hochets sphériques rappelait que les esprits protecteurs étaient bien là pendant la cérémonie. Les assistants des danseurs les faisaient résonner pour calmer les danseurs susceptibles d'être possédés par un esprit.

Ces hochets ont évolué, particulièrement chez les Haidas, pour devenir la sculpture attitrée de toute une variété de représentations inspirées. De conception imaginative et de façonnage habile, ces objets étaient uniques, comme le sont la plupart des objets produits par les artistes de la Côte Nord-Ouest. Ce bel exemplaire ne fait pas exception. La moitié avant de la sphère, sculptée de façon naturaliste, montre un oiseau au bec allongé vers le bas, dans lequel est imbriquée la sculpture d'une grosse grenouille en saillie, qui donne l'impression de se tenir librement sur le hochet. L'oiseau ne peut être réellement identifié sans connaître l'origine de la famille d'où provient ce hochet, sachant que plusieurs oiseaux-emblèmes peuvent être représentés avec un tel bec ; même un corbeau à la face un peu écrasée peut correspondre à la description. Dans la structure des clans haidas, la grenouille comme emblème secondaire appartient à la phratrie de l'Aigle ; il est donc possible qu'il s'agisse ici d'un aigle. Cependant, dans les sculptures haidas, les grenouilles semblent toujours sortir d'orifices d'oiseaux ou d'animaux, ce qui symbolise probablement un élément distinct, sans rapport avec l'affiliation à un clan précis.

Les spécificités haidas sont bien définies dans la tête de l'oiseau, soulignant l'ovale précis de l'orbite et des narines, le bord aplati du bec, la séparation en plan plat des joues (arrondi sur le bas dans ce modèle) et la bande élargie des lèvres. Le motif plat qui englobe le front de l'oiseau et l'hémisphère arrière du hochet est fait dans le style du début du XIXe siècle. On reconnaît une touche humoristique dans le petit visage tourné vers le porteur de l'instrument, près de la base de la poignée.

99. Hochet

Tsimshian, nord de la Colombie britannique continentale ; vers 1840-1860
Aulne ou bouleau, peinture, cordons de peau, graines
H. 27,9 cm ; l. 12,7 cm ; ép. 10,1 cm
T173
James Economos, Santa Fe, Nouveau Mexique ; Stefan Edlis, Chicago, Illinois.

WARDWELL 1996, pp. 258-259, cat. 390.

Le bruissement aigu des hochets de bois dur aux fines parois plaît aux esprits. Le hochet associé aux chants et aux prières a toujours été un outil important du rituel, pour invoquer la présence et l'aide des esprits. Le chaman a la responsabilité d'évoluer dans le monde des esprits pour qu'ils se manifestent sur le plan matériel, que ce soit en prédisant le futur, en soignant les malades, ou pour changer les conditions atmosphériques. Les cérémonies sur la Côte Nord-Ouest sont l'héritage d'un puissant élément chamanique. Dans certaines traditions côtières de danses hivernales (comme chez les Kwakiutls) les membres des sociétés secrètes sont appelés des « docteurs » *('paxalà)*. En reconnaissant la présence spirituelle et en contrôlant les réactions d'un danseur possédé par un esprit, les hochets tenus par des assistants de cérémonie sont censés avoir un effet calmant sur le monde invisible.

Les hochets de forme arrondie comme celui-ci ont été utilisés à la fois par des chamans et des ritualistes et sont rattachés pour la plupart aux tribus tsimshians (voir Holm 1987a, pp.128-129, fig. 50 ; pp.162-163, fig. 65). Le style du visage au faible relief sur cet hémisphère du hochet n'est pas éloigné des sensuels visages que l'on voit sur les fronteaux tsimshians ; il a aussi quelques caractéristiques en commun avec les masques de la région. Les lèvres sont minces et la bouche entrouverte n'est pas très large. Les orbites très réalistes sont bordées en dessous par la saillie marquée des pommettes. Le long nez étroit a les narines légèrement évasées. Beaucoup de sculptures tsimshians ont les mêmes caractéristiques. La courbe mince des sourcils sur un regard très expressif et l'éclat du bois doré donnent au visage une expression vivante assez réaliste. L'autre côté du hochet arborait jadis un motif complexe teinté en noir, rouge et bleu outremer (bleu de Reckett). Cette peinture s'est estompée avec les années, mais le bois est encore légèrement teinté aux endroits de l'application. Selon la teneur de la peinture en liant aux œufs de saumon, on obtient des différences dans la nuance et la texture de la couleur ainsi que dans les qualités adhésives de la couche picturale (Holm, comm. pers. 1992). Les bois d'érable caduc, d'aulne ou de bouleau, denses et peu absorbants, demandent des liants performants, faute duquel beaucoup de beaux hochets anciens de ce type ont perdu leur revêtement coloré.

100. Fronteau

Tsimshian, éventuellement Gitksan, Skeena River, nord de la Colombie
britannique continentale ; vers 1825-1850
Bouleau, peinture, coquilles d'ormeaux
À l'arrière, à l'encre noire : *t-2.28*
H. 24,7 cm ; l. 15,2 cm ; ép. 5 cm
T176
Robert Duperrier, Paris, France ; Pierre Bovis, San Francisco, Californie ;
George Terasaki, New York.

MAURER 1977, p. 300, fig. 463 ; *The Magazine Antiques*, juillet 1995,
couverture ; *Art & Antiques*, mars 1996, p. 101.

L'origine de la coiffe de danse ainsi que les rituels et coutumes
qui l'accompagnent ont été situés, d'après la tradition orale
indienne, dans la région de la rivière Nass au nord de la Colombie
britannique. L'examen des archives sur les objets antiques semble cor-
roborer ce rapport. Ces fronteaux, qui sont les plus anciens, illustrent
dans certains cas le chemin contraire à l'évolution de certains déve-
loppements conceptuels. Ils peuvent être retrouvés à travers la documentation ou la répartition des styles de la vallée du Nass. Le concept
du fronteau se propagea dans les tribus avoisinantes par la voie des
mariages ou des cadeaux. Quelques-unes de ces parures fabriquées dans
le nord ont été trouvées dans les villages kwakiutls, comme Alert Bay
ou Port Hardy (voir Brown 1995, pp.158-159, cat. 58). Des versions
nootkas du XIXe siècle attestent l'arrivée de la mode des fronteaux sur

la côte ouest de l'île de Vancouver sûrement grâce aux Kwakiutls avec
qui les Nootkas étaient en relation.

Parfois, les plus anciens fronteaux du nord de la côte sont parci-
monieusement incrustés avec des coquilles d'ormeaux, mais rarement
sur le contour plat encadrant la figure centrale. Cette surface plane
est parcourue de rainures parallèles fines et régulières, vestiges de
l'époque où les outils de finition étaient en dents de castor.
Généralement peintes du bleu caractéristique des tribus du nord, ces
bordures ont quelquefois été incrustées de coquillages à une date plus
récente, quand le développement du commerce permit d'obtenir
plus facilement des coquilles d'ormeaux. La coquille branche des
ormeaux locaux n'était presque jamais utilisée pour les incrustations
sur la Côte Nord-Ouest. L'*haliotis fulgens* de la Californie ou du
Mexique lui était préféré, pour sa couleur riche, son irisation et sa
valeur commerciale.

Les fronteaux compacts avec une image centrale unique et des bords
rainurés évoluèrent avec le temps d'une façon de plus en plus élaborée. Ce beau modèle illustre une des tendances de cette évolution. Un
des styles de fronteaux les plus anciens est composé d'une figure centrale de forme presque carrée, sculptée et quelquefois entourée d'une
bordure plate. Les incrustations, lorsqu'il y en a, sont appliquées dans
les yeux et dans d'autres parties importantes, ovales ou rondes. Ce
concept, qui semble avoir été la prérogative de certains clans ou certaines familles, devint de plus en plus complexe avec le temps pour
inclure des petites figures richement incrustées dans les yeux et les ovales
de l'image centrale, et souvent des rangées d'autres figures moins
importantes situées autour de l'image principale. Toute étape de cette
évolution se produit quand un artiste dépasse le concept initial et qu'elle
devient une nouvelle source d'inspiration pour ceux qui, dans le futur,
pourront la faire progresser.

Dans cette sculpture ingénieusement élaborée, le visage unique,
dont la composition est régie par le système « formline » est de style
assez réaliste. Le relief trompeur, mais sensuel, d'un visage moitié
aigle (?) et moitié humain est entouré par un bord plat, qui rappelle
le bord d'une pièce de monnaie (symbole de richesse). Ce contour
a été richement incrusté d'ormeaux nacrés. La mythologie tsimshian, exprimée dans les sculptures, semble souvent inspirer la sculpture en bas relief de nombreuses petites figures annexes sur certains
masques et souvent sur les fronteaux, ainsi que sur les mâts de totems.
Ici, une rangée de petites grenouilles nichées au-dessus du visage de
l'homme-aigle semblent repousser le bord supérieur avec leurs pattes
arrière ; la fine section transversale du fronteau est percée de part en
part entre leur corps et le rebord. Ces grenouilles jouent sûrement
un rôle dans l'histoire représentée ici, issue de la tradition orale et
retranscrite dans ces sculptures. Des versions plus élaborées encore
montrent le visage central entièrement entouré de personnages secondaires, et quelquefois même dans une double rangée de bas-reliefs.
Chaque étape de l'évolution doit en partie son existence aux rêves et
aux idées de ceux qui ont ouvert une voie nouvelle, tel le créateur de
cette image originale.

101. Fronteau

Tsimshian (de la côte ?), nord de la Colombie britannique continentale
(et des îles ?) ; vers 1840-1870
Érable, peinture, coquilles d'ormeaux, réparation indienne avec du cuivre
à l'arrière, cordelette, ficelle
À l'arrière, sur un adhésif au crayon : 36 ; au stylo à bille bleu : 2
H. 20,3 cm ; l. 20,3 cm ; P. 7,6 cm
T177
Alert Bay Kwakiutl (Kwakwaka'wakw) par troc ; Henry George, Port Hardy,
Colombie britannique ; Norman Feder, Sydney, Colombie britannique ;
Morton Sosland, Kansas City, Missouri ; Sotheby's, New York ; Stefan
Edlis, Chicago, Illinois.

« Dances of the Kwakiutl » Orbit Films, 1953 ; COE 1977, pp. 130, 141,
fig. 294 ; Sotheby's novembre 1980, lot 344 ; VINCENT 1995a, p. 76 ; « In
the Hands of the Raven » Seaton Film Production, 1998 ; exp. THE 45TH
ANNUAL WINTER ANTIQUES SHOW, 14-24 janvier 1999, Seventh Regiment
Armory, New York.

L'évidence du déplacement septentrional du concept du fronteau apparaît dans cette remarquable création, sculptée au nord de la Colombie britannique au milieu du XIXᵉ siècle et utilisée chez les Kwakiutls à partir du milieu du XXᵉ siècle. Le fronteau a appartenu pendant les années 1960 à Henry George (neveu de Charlie George Jr., un artiste réputé), un membre d'une tribu 'nàkwaxda'xw originaire du village de Blunden Harbour en Colombie britannique continentale. En 1953, ce fronteau fut porté par une danseuse lors d'un court film documentaire, *Dances of the Kwakiutl,* produit par Orbit Films. La tribu 'nàkwaxda'xw abandonna ce village éloigné, au tout début des années soixante pour s'installer sur le site appelé Tsulquate, près de la communauté de Port Hardy, au nord de l'île de Vancouver. Norman Feder acheta la sculpture à Henry George vers 1966 et enleva une couche de peinture commerciale orange qui avait été appliquée sur l'image centrale, probablement plusieurs décennies auparavant.

La tradition tsimshian du fronteau comprend un ensemble de compositions simples et rondes, formant une figure centrale entourée sur le rebord par une abondance de coquilles irisées d'ormeaux. Ordinairement, les incrustations de coquillages sont maintenues en place dans des alvéoles, par une préparation de glu de sapin. Tout autour de l'image centrale, le fabricant de ce fronteau a creusé une rigole entre deux rebords arrondis, dans laquelle sont disposés des morceaux de coquilles d'ormeaux étroitement imbriqués pour former un rang serré. Probablement à cause du fait que deux côtés seulement de chaque morceau de coquille sont en contact avec les bords de la rigole, le sculpteur a percé les coquillages et le revers de la bordure pour les fixer ensemble, une technique rarement employée sur les exemplaires existants (voir Brown 1995, pp. 158-159, fig. 58, pour un fronteau suturé de façon similaire, également fabriqué par un artiste tsimshian et trouvé chez les Kwakiutls).

La maîtrise avec laquelle les doux arrondis et les gravures de l'image centrale ont été sculptés et polis est particulièrement remarquable sur cet exemplaire exceptionnel. Le visage mi-humain mi-oiseau, avec son bec ou nez recourbé entre les dents de la bouche, a été si parfaitement et précisément modelé et incrusté de nacre, qu'on ne peut le qualifier que de parfait. L'équilibre harmonieux des formes sculptées et du graphisme attire le regard et invite à toucher l'objet.

La documentation sur l'art de la Côte Nord-Ouest a presque toujours associé le bec crochu à la buse ou à l'Oiseau-Tonnerre, ce qui dans bien des cas pourrait être approprié, suivant le blason du clan ou de la famille, mais ce pourrait aussi être un tout autre cas. Ainsi, dans le clan Gaanax.àdi des Tlinglits du sud, voisins immédiats des Tsimshians de la côte, un tel bec crochu est la caractéristique de Naas Shaki Yei, le Corbeau-en-Amont-du-Nass, incarnation du Créateur, le possesseur de la lumière du jour, le père de Corbeau et l'architecte du monde. L'association de cette image du Créateur avec une conception si intuitivement solaire, est peut-être ici, plus qu'une coïncidence.

102. Modèle réduit de mât de totem

Haida, îles Queen Charlotte, Colombie britannique ; vers 1890
Argilite, métal
En dessous, à l'encre noire : 5009
H. 40,6 cm ; l. 7,62 cm
T724
Alton L. Dickerman, Colorado Springs, Colorado, vers 1883 ; Mlle Foster
B. Dickerman, Colorado Springs, Colorado ; Mme Alice Bemis Taylor,
Colorado Springs, Colorado ; Taylor Museum (5009), Colorado Springs,
Colorado.

Exp. Coburn Library, The Colorado College, vers 1895 ; DREW, WILSON 1980,
p. 218.

L'argilite est une pierre noire tendre qui se travaille facilement et
que l'on trouve dans les îles Queen Charlotte, patrie des Haidas.
À la fin du XIXe siècle, les modèles réduits de mâts de totem en argilite et en bois étaient devenus une forme artistique courante, et
quelques-uns des plus grands artistes fabriquaient de magnifiques
exemplaires. La sculpture haida en argilite est passée par différentes
phases depuis sa création comme objet de la culture traditionnelle au
début du XIXe siècle, jusqu'à son évolution en tant qu'expression artistique dans les récentes décennies. Les témoignages nous indiquent que
les sculpteurs haidas ne se servaient pratiquement pas d'argilite avant
1820 environ, époque à laquelle le marché de l'objet sculpté se développa. Les premières sculptures à but commercial furent inspirées par
les cimiers traditionnels haidas et se concentrèrent sur les pipes chères
aux marins euro-américains.

103. Massue

Tsimshian de la Côte, nord de la Colombie britannique continentale et des îles ; vers 1800-1830
Bois de caribou ou de cerf
L. 40,6 cm ; l. 12,7 cm ; ép. 2,5 cm.
T171
Amiral George Fowler Hastings, acquis en 1867 ; Mme Geoffrey Anderton (petite fille d'Hastings), Angleterre ; Sotheby's, Londres ; Merton Simpson, New York ; John Friede, Brooklyn, New York ; collection particulière, Canada ; Judith Small Nash, New York.

Sotheby's (Londres) novembre 1966, p. 22, lot 62c ; VINCENT 1995a, p. 74.

Un seul type de massue de guerre fut créé dans la région du nord de la Colombie britannique, il y a apparemment très longtemps. Les tribus athapasques, qui traditionnellement chassaient le caribou, utilisaient plusieurs formes de massue (avec moins de décorations). La forme de cette massue du type de la Côte semble inspirée du modèle athapaskan et a dû être sculptée à partir de bois de caribou ou de cerf. En se servant de certaines ramifications de la ramure puissante et largement déployée d'un mâle, on a dégagé, avec un style tout traditionnel, cette arme de poing curieuse et redoutable où ont été gravés les motifs bidimensionnels spécifiques de la famille du propriétaire. Sur la base d'un gros andouiller en saillie de la hampe à angle droit, on pouvait fixer une pierre ou une pointe en fer. Cette « partie utile » de la massue a été creusée pour recevoir une pointe, rendant cette impressionnante arme encore plus redoutable.

Les fabricants de ces armes étaient capables d'adapter la forme des bois afin de donner une dynamique asymétrique à l'ornement du sommet de la massue. Sur celle-ci, un oiseau, peut-être un corbeau, tourne la tête de côté pour regarder d'un seul œil, comme les oiseaux ont coutume de le faire. Le bec ouvert accentue l'impression de mouvement. Ses ailes, serres et queue sont gravées dans la corne ivoirine, ainsi qu'un motif de hachures en fond qui souligne les plumes et les griffes de l'oiseau. Sur la poignée du manche, la tête très allongée d'un autre oiseau (celui-ci avec un bec garni de dents !) est gravée dans le sens opposé, ses ailes et les plumes de queue dirigées de façon à toucher les plumes de la queue de l'oiseau de tête. Les longues pattes fines de l'oiseau gravées sur la poignée longent le bord de la massue, et sont courbées vers l'avant pour que les griffes puissent s'enrouler autour du bout du percuteur, contrastant avec les hachures.

La couleur et la patine de cette massue, acquise avant 1867, indiquent qu'elle avait déjà plusieurs décennies à l'époque, bien que le style des gravures « lignes figuratives » et les hachures ne soient pas caractéristiques du XVIIIe siècle. Il subsiste encore plusieurs de ces massues impressionnantes. Quelques-unes datant du milieu du XIXe siècle avaient été confectionnées longtemps avant leur acquisition. À en juger par son style très archaïque et sa patine, une de ces vieilles massues pourrait très bien avoir plusieurs siècles (voir Furst et Furst 1986, p. 129, pl. 121). D'autres montrent un style de dessins, intermédiaire entre cette très ancienne massue et celle représentée ici, que l'on peut dater de la fin du XVIIIe siècle (voir Sainsbury 1978, p. 166, fig. 271).

104. Louche de cérémonie

Tsimshian de la Côte, nord de la Colombie britannique continentale et des îles ; vers 1840
Aulne, peinture
Au bout, en lettres blanches : *H.1524* ; de l'autre côté, gravé : *LT*
L. 88,9 cm, l. 22,8 cm, P. 22,8 cm
T167
Acquis par George Hills, premier évêque de Columbia, St. Augustine's Missionary College, Kent, Angleterre en 1865 ; collection de James Hooper (H.1524), Sussex, Angleterre, 1946 ; British Rail Pension Trust ; Christie's, Londres, 1976 ; James Economos, Santa Fe, Nouveau-Mexique ; Stefan Edlis, Chicago, Illinois, 1980.

Exp. Manchester Missionary Exhibition, Museum of Mankind, Londres, 1870 ; HOOPER, BURLAND 1954, p. 141, pl. 49b ; PHELPS 1976, p. 320, pl. 188, cat. 1524, pp. 443-445 ; Christie's (Londres) 1976, lot 164 ; AIAM, Printemps 1977 : 17, 85 ; VINCENT 1995a, p. 73.

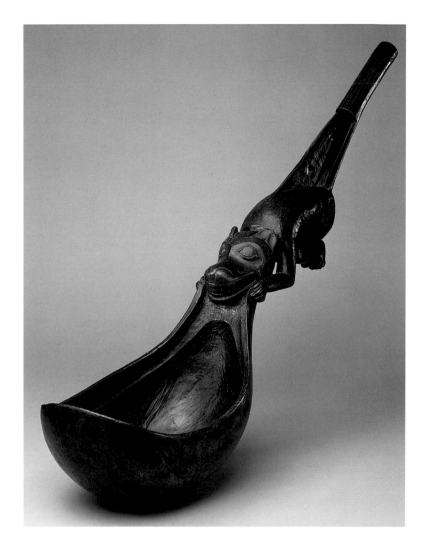

Les mots « potlatch » et « fête » sont presque synonymes sur la Côte Nord-Ouest et sont employés indifféremment aujourd'hui. Tout grand rassemblement traditionnel, passé ou présent, comporte invariablement les fêtes somptueuses qui permettent aux hôtes de montrer leur générosité et d'étaler leurs richesses. Auparavant, les invités restaient dans le village de leurs hôtes pendant plusieurs jours, voire plusieurs semaines ; ils étaient hébergés et nourris en signe de respect mutuel. Encore aujourd'hui, il est rare d'être invité, même pour quelques minutes, dans la maison d'un Indien sans qu'il vous soit proposé quelque chose à boire ou à manger.

Auparavant, la hiérarchie sociale garantissait que les familles dirigeantes règlent les dépenses requises pour l'élaboration des œuvres d'art héraldiques qui exhibaient les cimiers et blasons de l'histoire des familles. Il incombait aux familles de haut rang d'organiser des potlatchs afin de redistribuer leurs richesses et de partager leurs ressources. Mis à part les masques et autres costumes utilisés pour mettre en scène les histoires de l'origine des grandes familles, les objets aidant à distribuer la nourriture aux invités étaient aussi représentatifs des emblèmes du clan et des familles impliquées. Il fallait de grandes louches pour remplir les plats, probablement aussi pour servir les aliments cuits ou l'huile de phoque stockée dans de grands récipients. Ce modèle de louche pourrait indéniablement remplir un très grand plat.

L'emblème sculpté sur le manche de la louche semble combiner les traits d'un ours ou d'un loup avec ceux d'un homme et ceux d'une baleine. La tête d'ours, ou de loup, est orientée en haut de la louche, comme pour surveiller les transvasements de nourriture. Des mains d'apparence humaine tiennent chaque côté de la louche, aidant visiblement à la maintenir. Le corps quasi anthropomorphe de l'animal est recroquevillé, genoux contre la poitrine. Une sculpture en forme de grande nageoire dorsale repose sur le manche de la louche et se confond avec la poignée. La face de la créature est lisse et subtilement élaborée ; la courbe du nez ou du museau, qui se fond dans le plan de l'orbite de l'œil, évoque le style de sculpture tsimshian de la Côte. Les yeux sont faiblement saillants avec une pupille arrondie qui occupe presque toute leur surface. Les petites oreilles rondes sont couchées vers l'arrière, indiquant peut-être la tête d'un ours.

Les gens de la Côte Nord-Ouest semblent représenter les monstres marins de cette manière, en combinant les attributs des mammifères marins avec ceux des mammifères terrestres qui ont d'ailleurs été catalogués comme des ours de mer ou des loups de mer (*sea-bear* et *sea-wolf* en anglais, *gonakadeit* et *wasgo* en tlingit et en haida). Le bol de la louche décrit une courbe d'un bout à l'autre comme la plupart des cuillères et des récipients de la Côte Nord-Ouest. Une rainure arrondie et peu profonde suit parallèlement la bordure intérieure. Cette rainure a été comparée à des rainures similaires sculptées à l'intérieur des plats-bords des canoës de la Côte Nord-Ouest (voir Holm 1983c, p. 78, fig. 127). La riche couleur noire a probablement effacé les éventuelles peintures décoratives, et le bol de la louche a été saturé par l'huile qu'elle a jadis dû contenir souvent.

105. Bol

Tsimshian de la Côte ou Nishga, sud-est de l'Alaska ; vers 1800-1840
Aulne, opercules d'escargot à turban rouge
Sur le fond, étiquette du Santa Barbara Museum of Art, imprimée au
feutre rouge : *CARVED BOWL — HAWK MOTIFS/Mr. Channing Peake*
H. 17,7 cm ; L. 33 cm ; l. 20,3 cm
T170
William Randolph Hearst Estate, Californie ; collection Channing Peake ;
James M. Jeter, Summerland, Californie.

Exp. Santa Barbara Museum of Art, après 1951 ; VINCENT 1995a, p. 73.

La richesse de la couleur, du caractère et de la décoration, imprègne ce magnifique plat de type ancien, improvisation complexe sur le thème du bol ovale à graisse de la région du nord. Tout ce qui reste du modèle de base est le rebord en arc caractéristique, avec ses incrustations d'opercules. Tous les autres aspects des bols traditionnels ont été ici transformés par l'imbrication d'une figure animalière dans la forme du plat. La tête, les ailes et la queue d'un oiseau au bec crochu ont été incorporées aux côtés du plat, et ceci avec un réalisme dans la sculpture qui dénote l'habileté de l'artiste à sortir de la gravure traditionnelle au relief moins marqué.

La face de l'oiseau, qui s'apparente à un masque, est traitée avec les mêmes motifs conventionnels que ceux des coffres aux coins repliés, mais les contours peints ont été modelés en trois dimensions. Cela accentue le relief du nez recourbé, des narines saillantes et des sourcils taillés en biseau, tout en restant une composition de formes conventionnelles. Un large contour noir délimite les sourcils, s'incurve profondément entre les yeux, entoure la région de la tempe et de la mâchoire et rejoint la bande noire qui souligne la bouche. Un motif rouge orne la joue dans le coin inférieur de l'orbite de l'œil, entre la narine et le bord externe du coin de la bouche. Une large « ligne figurative » ovale représente l'articulation de l'aile et de massives formes en U définissent les plumes qui s'enroulent autour de l'arrière du plat. Un visage sculpté tourné vers le haut émerge de la queue, un autre, au dessin peu profond, est visible sur la poitrine de l'oiseau, sous la figure centrale.

Un plat similaire, avec la même forme de bec recourbé, se trouve à l'American Museum of Natural History (voir Jonaitis 1988, p. 34, pl. 20). Il possède des pieds humains à la place des plumes caudales que l'on trouve sur le plat de la collection Thaw.

Cette figure d'oiseau au bec crochu est très probablement la représentation de Naas Shaki Yei, le Corbeau-en-amont-du-Nass. Ce dernier était le gardien des boîtes dans lesquelles la lumière du jour était enfermée. Son petit-fils, le Corbeau-à-forme-humaine, libéra la lumière, la lune et les étoiles et en fit cadeau aux êtres humains.

Dans certains cas, l'oiseau représenté a été improprement appelé buse ou Oiseau-Tonnerre, bien que les deux existent comme emblèmes, et puissent être employés sur des configurations similaires. Naas ShakiYei est le nom tlingit de l'esprit créateur ; un clan des Tlingits du Sud, les Gaanax.àdis, a utilisé sa représentation en oiseau au bec crochu, sur des mâts totémiques et des fronteaux (voir Brown 1995, pp. 30-31, cat. 1). Le visage humanoïde au faible relief, sous la figure centrale, pourrait représenter le petit-fils de Naas Shaki Yei, ou être l'image métaphorique de l'incarnation d'un esprit oiseau qui peut se transformer en être humain.

106. Panier

Tlingit, sud-est de l'Alaska ; vers 1850
Racine d'épinette, tiges de fougères, herbe, teinture
H. 30,4 cm, diam. 40,6 cm.
T194
Collection de Menil, Houston, Texas ; Stefan Edlis, Chicago, Illinois ;
George Terasaki, New York.

De nombreux paniers en racine d'épinette fabriqués pour l'utilisation journalière montrent leur fonctionnalité par la légèreté des tresses de racines utilisées pour leurs créations. La solidité et le côté pratique de ces récipients, tressés pour un usage utilitaire, étaient d'une grande importance. Conforme à l'exaltation de l'esthétique indienne, l'utile a rejoint l'agréable avec l'embellissement de la forme et de la surface de l'objet. Les dessins géométriques en vannerie sont une mode très ancienne et leur utilisation constante nous indique que ce type de décoration remonte à très loin dans le passé.

Les anciens paniers de stockage et de cueillette sont généralement tressés de façon relativement serrée, et décorés habituellement de trois rangées horizontales de fausses broderies d'herbe teinte et de tiges de fougères capillaires (cheveu de Vénus) en motifs géométriques. D'habitude, deux bandes plus larges de motifs bordent une plus petite bande aux motifs différents. Quand ces récipients solides et flexibles ne sont pas utilisés, ils sont aplatis, pliés (comme des sacs en papier) et rangés. Avant de resservir la saison suivante, les paniers sont humidifiés avant d'être remis en forme. Leurs pliures sont très subtiles mais facilement repérables.

La fabrication d'un panier commence avec la recherche de matériaux naturels, glanés là où l'écosystème permet aux nombreuses variétés d'espèces utilisées de développer au maximum les qualités recherchées par les artisans. Les racines d'épinette, par exemple, ne poussent droites, longues et sans ramifications ou défauts, que dans certains endroits qui réunissent plusieurs conditions propices : lumière, sol, humidité, vent et espace pour éviter que d'autres espèces ne les gênent. Des conditions moins visibles ou moins mesurables qui affectent l'esprit de la forêt sont prises en compte dans le choix de ces sites de cueillette. Une fois démêlées, les racines sont écorcées grâce à une source de chaleur, et fendues en deux ou en quatre avant d'être rapportées à la maison, où commence le vrai travail. L'herbe, le cheveu de Vénus et les pigments naturels doivent également être ramassés à certains moments de l'année, aux endroits où qualité et quantité sont optimales. Après le long travail de préparation des matériaux, le vannier entame la fabrication du panier.

Ce chef-d'œuvre du milieu du XIXe siècle est beaucoup plus raffiné et richement décoré que la plupart des autres objets en vannerie ; la couleur naturelle du capillaire se détache brillamment de l'arrière-plan en herbe légèrement colorée. Le rythme de deux larges bandes bordées de trois bandes étroites est différent mais n'est pas rare, et peut représenter le style d'une région historique spécifique. Un motif en tiges de fougères court autour du panier et représente de petits quadrilatères dont deux côtés ne sont pas reliés, mais séparés en diagonale comme pour former des marches d'escalier. Là où elle est visible, la racine naturelle montre la minutieuse régularité du travail du vannier ; une troisième couleur, chaude et complémentaire se marie avec les bandes en fausse broderie. Les études du lieutenant George T. Emmon (1909/1993) sur les motifs de vannerie tlingit décrivent ces motifs comme : a) motifs « croix » de l'église orthodoxe russe (p. 272, fig. 343) ; b) « tête de mûrier à saumon » (p. 270, fig. 338) ; c) « croisement » ou motif « les pieds du soleil » : des rayons émergeant du dessous d'un nuage (p. 276, fig. 355c) ; d) motif « chapeau de chaman » : profil descendant en forme de pic (p. 274, fig. 349).

107. Plat à coins repliés

Tlingit/éventuellement Tsimshian, sud-est de l'Alaska ou nord de la
Colombie britannique continentale ; vers 1750-1800
If, cèdre rouge, cordage en fibre
Sur le fond, à l'encre noire : 5158
L. 33 cm, l. 22,8 cm
T199
Alton L. Dickerman, Colorado Springs, Colorado, acquis à Sitka, Alaska,
vers 1883 ; Mlle Foster B. Dickerman, Colorado Springs, Colorado ;
Mme Alice Bemis Taylor, Colorado Springs, Colorado ; Taylor Museum
(5158), Colorado Springs.

Exp. Coburn Library, The Colorado College, vers 1895 ; HARNONCOURT,
DOUGLAS 1941, p. 163 ; COVARRUBIAS 1945, p. 62, pl. 29 ; Colorado Springs
Fine Arts Center 1986, p. 123 ; VINCENT 1995a, p. 82 ; VINCENT 1995b, p. 68,
pl. XI.

Excellent modèle du genre, cet objet montrait tous les signes d'un
grand âge lors de son acquisition il y a plus de cent dix ans. Le
degré de saturation d'huile est lui-même indicateur d'ancienneté. Un
récipient aussi grand ne devait pas être utilisé quotidiennement ; il a
sûrement fallu des générations d'usages rituels pour qu'il soit autant
imprégné d'huile. L'if n'est pas un bois particulièrement poreux, et
pourtant le lustre du grain du bois sculpté (près des coins) montre
que l'huile a traversé la structure cellulaire. La saturation de ce plat
est telle que la chaleur et l'humidité peuvent faire migrer et suinter
l'huile le long des parois extérieures du récipient.

Le style décoratif montre plusieurs caractéristiques de tradition
archaïque et il est un exemple d'exécution et de créativité. Le bois d'if
très solide, mais étonnamment malléable, permet de réaliser des sculptures et des incisions d'une grande précision, et supporte les années
d'usage en se polissant doucement. Les « lignes figuratives » simples

ont une qualité tout en douceur et les surfaces de transition sont délicates, sans heurts et permettent aux motifs de s'enchaîner avec bon-
heur le long des côtes du plat. Sur ce beau plat, le rapport entre l'ancien langage esthétique du nord, général à la Côte Nord-Ouest et la
tradition de la branche sud est peut-être plus clairement exprimé que
dans tout autre objet de la collection Thaw. Les variations de styles
des motifs entre les tribus du nord tlingit, haida et tsimshian semblent
avoir été moins nettes et distinctes dans la période ancienne dite
période archaïque. L'évolution de cette période historique a ouvert de
nombreuses voies, créé un raffinement et un développement de styles
dans le nord qui ont élargi les critères de la tradition, suffisamment
pour permettre l'éclosion d'expressions nouvelles. De la maîtrise des
convenances traditionnelles de plat à coins repliés du XVIIIe siècle, au
plus décoré des plats du XIXe où même du XXe siècle, le chemin a été
parcouru par l'inspiration créatrice de chaque sculpteur, d'artistes
travaillant ensemble, et par les générations qui bâtissent, les unes
après les autres, l'expérience collective. Ce plat acquis à Sitka arriva
avec des informations stipulant qu'il avait été fabriqué par un artiste
tsimshian. Étant donné la similarité avec le style archaïque des tribus
du nord, ceci pourrait être vrai. Le plat pourrait aussi, et peut-être plus
vraisemblablement encore, avoir été fait aux environs de Sitka, plusieurs centaines de kilomètres à l'intérieur du territoire tlingit.

Les deux cercles en haut du bord du bol semblent être les narines
de la créature représentée. Ce faciès est inversé sur le panneau opposé,
les yeux sont entourés par des formes ovales qui touchent celles des
narines et s'étendent sur la largeur de la partie centrale supérieure du
panneau. Une petite ligne qui suit la mâchoire contourne le coin supérieur de l'orbite de l'œil à la narine, laissant une petite bouche, légèrement entrouverte. Si cette tête est censée représenter celle d'une
baleine, alors les lignes de contours des coins inférieurs pourraient être
les nageoires pectorales de l'animal. Une paire symétrique d'ovales plus
grands, à l'envers eux aussi, est formée sur les côtés bombés du plat
pour souligner son bord en arc, et vraisemblablement pour suggérer
le corps de la baleine.

Les parois ventrues de ce plat sont particulièrement élégantes et
donnent efficacement l'impression que ce récipient est conçu pour
accueillir des dons généreux. La panse est profilée de façon à s'harmoniser avec l'arrondi des parois hautes du plat et l'évasement des
rebords. Le bord, plutôt large, et comporte une double rainure qui
en suit le dessin. Le fond en cèdre, également saturé d'huile et oxydé,
montre un intéressant raffinement dans sa forme : une rainure en V
parallèle au bord extérieur creuse la surface pour que les lacets servant
à assembler les côtés et la planche du fond soient protégés de l'usure.
De plus, le fond est incurvé de façon à ce que son centre soit plus bas
que sa périphérie, permettant une prise facile avec les doigts pour sou-
lever le récipient. Vu de l'intérieur, le fond concave complète le caractère accueillant des parois ventrues. Ces raffinements, qui semblent
avoir évolué jusqu'à l'exagération des renflements latéraux, sont présents dans la plupart des premières réalisations de ce type.

108. Dague

Tlingit, sud-est de l'Alaska ; vers 1800-1850
Acier, os, coquille d'ormeau, fibre naturelle à deux brins, cuir tanné, toile
H. 66,6 cm ; l. 8,2 cm
T202
Lame : Shadusixt ; Chief Shakes, Wrangell, Alaska.
Dague : membre du clan Nanya.ayí, Wrangell, Alaska ; grand-père de Sam
Jackson et plus tard de son oncle, Klukwan, Alaska ; famille de Sheldon
Kodenaha, Klukwan ; Maggie Kodenaha ; Axel Rasmussen (1093),
Skagway, Alaska, vers 1932 ; Robert Tyler Davis, Lillydale, New York ;
Sotheby Parke Bernet, New York ; collection particulière, New Jersey ;
Sotheby Parke Bernet, New York ; Stefan Edlis, Chicago, Illinois.

DAVIS 1949, n. p., n° 29 et pp. 139-140 ; Sotheby Parke Bernet, avril 1979,
lot 332 ; Sotheby Parke Bernet, avril 1981, lot 350.

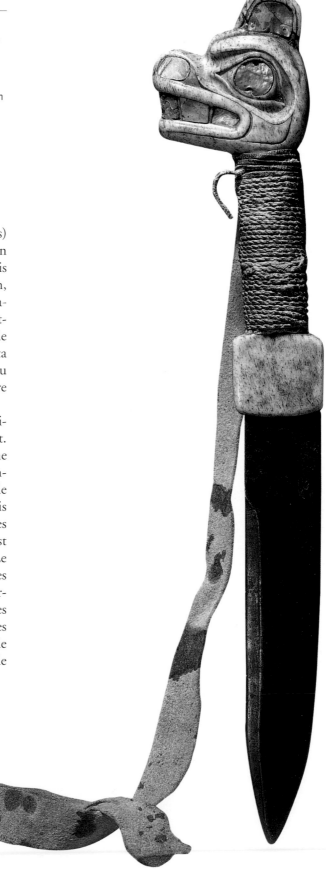

L'histoire indienne de ce couteau (archivée par Robert Tyler Davis) affirme que cette lame et deux autres furent fabriquées à Klukwan à partir d'un morceau de fer trouvé, longtemps auparavant, sur du bois flottant près de Yakutat sur les côtes du golfe d'Alaska (Sam Jackson, août 1940). Le premier propriétaire de la lame, Shadusixt (orthographié ainsi par Davis), la vendit à Chief Shakes, de Wrangell, qui, dit-on, lui aurait adjoint un manche à tête de loup. Un autre homme de Wrangell l'emporta à Klukwan, où il tomba, victime d'une vendetta entre les membres du clan Nanya.ayi de Wrangell et les membres du clan Kagwanton de Sitka. Le nom de la dague peut être se traduire « Couteau-loup-qui-traverse-en-nageant ».

L'os poli du pommeau a reçu la forme d'une tête de loup à l'air vigilant, dont les traits nettement définis lui confèrent un caractère vivant. La relation entre les conventions du dessin bidimentionnel et la forme en relief de sculptures comme celle-ci est évidente. Les sourcils se fondent naturellement avec le contour de l'orbite, de la tempe et de l'angle de la mâchoire, ce qui délimite un modèle de joue à trois pointes à l'emplacement conventionnel par rapport à l'orbite. Les lèvres sont dessinées par un fin liseré. La narine incrustée de nacre est ovale, l'œil et la paupière s'imbriquent dans l'ovale de l'orbite. Le rendu de la sculpture est rehaussé par l'arrondi et le modelé de toutes ces formes, ainsi que par le dessin des paupières dans le creux de l'orbite. La couleur chaude et brillante de l'os souligne le bleu nacré des fragments de coquilles d'ormeaux dans les yeux, les oreilles, les narines et les dents. Les taches sur le lacet de cuir sont un rappel macabre de la violence qui n'était pas rare dans l'ancien monde aristocratique de l'Indien de la Côte Nord-Ouest.

109. Masque

Tlingit, sud-est de l'Alaska ; vers 1820-1850
Aulne, peinture, cuir
Sur le frond, au crayon : *[In]dian mask / made [by] Tli[ngit] / J.G. Swan* ;
de l'autre côté, en haut à la peinture rouge : 5060
H. 22,8 cm ; l. 20 cm ; P. 10,1 cm
T212
Acquis par James G. Swan, Port Townsend, Washington Territory, vers
1880 ; George Terasaki, New York.

WARDWELL 1996, pp. 102-103, cat. 80 ; VINCENT 1995a, p. 84.

U ne grande variété d'esprits sont incarnés dans les masques des
chamans tlingit, chacun recélant un aspect particulier du pouvoir personnel du chaman (qui pouvait chez les Tlingits, quoique les
cas en soient rares, être une femme). Les masques portés au cours d'un
rituel de guérison incarnaient l'esprit invoqué pendant la cérémonie.
La plupart des masques de chamans Tlingits avaient des trous pour
les yeux des guérisseurs qui les portaient pour personnaliser l'esprit guérisseur, tant qu'ils restaient aux côtés de leurs patients. Beaucoup de
ces masques portent le même genre de raffinement que l'on trouve sur
les emblèmes des clans ; ils étaient probablement fabriqués par les
mêmes artistes. La forme précise des yeux, le haut de l'orbite et la façon
avec laquelle ces traits se combinent avec l'arête du nez en forme de
bec d'oiseau, révèlent sur ce modèle la main experte d'un artiste.

Ce masque représentant un être-esprit unique est assez typique de
l'équipement d'un chaman du début du XIXe siècle. Quelques masques
sont très élaborés et comportent un nombre de figures secondaires rat-
tachées à l'image principale, comme des loutres, des tentacules de
pieuvre ou d'autres figures qui mettent en scène un aspect de l'héritage et de la tradition du chaman. La coloration de cette pièce est domi-
née par le beau bleu turquoise commun à la plupart des masques et
autres objets tlingits. Cette couleur était obtenue avec de la célado-
nite, un silicate de fer, concassée et réduite en poudre. On la trouve
dans certains endroits de la côte et elle se troquait dans toute la région.
Le personnage semble représenter l'esprit de l'aigle, bien que seul son
premier propriétaire eût pu nous renseigner sur la véritable identité
de la sculpture. Le bec ouvert et la langue saillante rappellent les
images des hochets-corbeaux et des autres symboles de contacts spirituels, et de passation de la connaissance ésotérique.

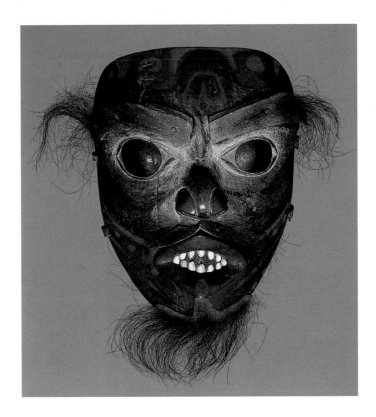

110. Masque

Tlingit, sud-est de l'Alaska ; vers 1800-1840
Aulne, cuivre, peau d'ours, opercules d'escargot à turban rouge, cuir, peinture
En haut de l'autre côté, à l'encre noire : 5006
H. 22,8 cm ; l. 17,7 cm ; ép. 7,6 cm
T214
Alton L. Dickerman, acquis à Sitka, Alaska, vers 1883 ; Mlle Foster
B. Dickerman, Colorado Springs, Colorado ; Mme Alice Bemis Taylor,
Colorado Springs, Colorado ; Taylor Museum (5006), Colorado Springs,
Colorado.

Exp. Coburn Library, The Colorado College vers 1895 ; WARDWELL 1964,
p. 23, pl. 12 ; HARNER, ELSASSER 1965, couverture et page de garde ; WHERRY
1969, pp. 138-139 ; FEDER 1971a, p. XIX, cat. 85 (non ill.) ; Walker Art Center
1972, p. 137, cat. 611 (non ill.) ; COLLINS et al. 1977, p. 238, fig. 297 ;
Colorado Springs Fine Arts Center 1986, p. 125 ; VINCENT 1995a, p. 86 ;
WARDWELL 1996, pp. 142-143, cat. 147 ; PENNEY 1998, pp. 180-181 ; exp. THE
45TH ANNUAL WINTER ANTIQUES SHOW, 14-24 janvier 1999, Seventh
Regiment Armory, New York.

Les masques de chamans tlingits personnalisent les êtres-esprits qui étaient leurs protecteurs et leurs intermédiaires entre le monde des esprits et le monde terrestre. La pieuvre a dû être un appui très puissant dans les invocations chamaniques, à en juger par la fréquence avec laquelle cette créature mystérieuse est représentée dans les objets utilisés par les chamans. L'image de la pieuvre est simplement stylisée par un petit rang de ventouses ; on trouve cette représentation éloquente sur les amulettes d'ivoire, les hochets huîtrier-pie et sur les masques comme cet ancien et puissant exemplaire.

Les tentacules de pieuvre et les disques cornés se retrouvent sur les hameçons en bois pour la pêche au grand flétan ; ils ne font pas alors partie des objets de chamans mais se rapportent au pouvoir de l'esprit qui les aide en attirant les poissons vers l'hameçon. De plus, la chair blanche de la pieuvre est l'appât le plus employé avec ces ustensiles ingénieux.

Sur ce masque impressionnant, de probables tentacules de pieuvre s'élevant à partir des coins de la bouche sont peints sur les joues. Gainées de cuivre, tout comme les ailes de chaque narine, les lèvres en pointe évoquent le bec de la pieuvre. La bande de peau d'ours sur les sourcils et le menton (provenant probablement de l'intérieur des cuisses, au poil moins fourni) confère au masque un aspect superbement terrifiant, que l'asymétrie des énormes pupilles amplifie. Il ne fait aucun doute que des masques comme celui-ci ont permis aux chamans d'asseoir leur réputation d'êtres redoutables inspirant le respect. Les motifs peints sur le front reflètent l'ancienneté du masque, attestée par la simplicité des lignes figuratives séparées par des espaces négatifs étroits. Pour les dents, des opercules d'escargots à turban rouge ont été enchâssés dans d'étroites rainures creusées derrière les lèvres. Les escargots à turban rouge vivent au-delà de la ligne de marée basse dans certains endroits de la Côte Nord-Ouest ; les loutres les pêchent et les extirpent de leur coquille avant de les rapporter sur la plage avec l'opercule encore attaché à la chair, laissant sur leurs lieux de dégustation de petits amoncellements d'opercules.

111. Propulseur

Tlingit, sud-est de l'Alaska ; vers 1750-1800
If, perles de verre, épingle en fer
L. 38,1 cm ; l. 2,5 cm ; ép. 2,5 cm
T218
Collection particulière, Angleterre ; Christie's, Londres, Angleterre.

Christie's (Londres) décembre 1992, lot 153 ; AIAM, Été 1993 : 27, fig. 3 ; VINCENT 1995a, p. 87 ; WARDWELL 1996, pp. 222-223, cat. 320.

L'atlatl, le mot nahuatl pour propulseur, était utilisé par les Aléoutes, les Esquimaux du Pacific et les Yup'iks pour lancer un javelot d'un mètre avec beaucoup plus de puissance qu'un bras humain. Ce bâton à propulsion décuple l'effet de levier et d'accélération du mouvement de lancer du chasseur. Les propulseurs issus de ces cultures, sculptés pour une parfaite prise en main et adaptés à la morphologie du bras, sont des merveilles d'ergonomie. Utilisés pour la chasse jusqu'à une époque récente, les propulseurs dont les décorations dépassent un certain degré de simplicité sont rares.

Pourtant, parmi les tlingits, une relation très différente existe avec ce qui semble être, à la base, le même outil. Les propulseurs tlingits, dont il existe peut-être douze exemplaires aujourd'hui, semblent avoir été fabriqués au XVIIIe et au début du XIXe siècle, à en juger par leurs sculptures et les décorations bidimensionnelles très riches (voir Wardwell 1996, pp. 218-223, cat. 315-323). Leur caractéristique la plus significative est peut-être le fait qu'ils sont presque incommodes à empoigner, et plus encore à utiliser (Holm 1988, p. 282). Sur quelques exemplaires comme celui-ci, la petite cheville censée maintenir l'encoche emplumée du javelot est placée au mauvais endroit. De plus, les sculptures des propulseurs tlingits sont de nature très chamaniques. En fait, ces caractères nous suggèrent que l'efficacité de ces armes de chasse tlingits, richement sculptées, reposait plus sur l'aide d'un pouvoir spirituel que sur la fonctionnalité de l'objet physique. Ils n'étaient apparemment pas utilisés par des chasseurs chevronnés, mais par les esprits guerriers du monde invisible, les chamans tlingits, en lutte contre des forces cachées pour soigner les maladies et acquérir des révélations prémonitoires concernant le monde des vivants.

La sculpture de cet atlatl est élégante et puissante, à la fois dans ses reliefs et dans ses motifs. Le petit visage sculpté dans le museau de la figure terminant le bas du propulseur rejoint le corps gravé de l'autre côté, sous la mâchoire du monstre. Quatre petites perles de verre du commerce ont été incrustées dans deux paires d'ovales au relief plat, donnant une profondeur et un éclat à cet ensemble. Il est possible que ces perles soient arrivées sur la Côte Nord-Ouest par le biais du troc avec d'autres tribus avant que les premiers contacts avec les Euro-Américains ne les fournissent à profusion. Ce détail, ajouté au style du propulseur, permet d'envisager une datation précoce, peut-être même antérieure à 1750.

112. Couverture chilkat

Tlingit, sud-est de l'Alaska ; vers 1850
Laine de chèvre des montagnes, écorce de cèdre jaune, fils de lin,
teinture naturelle
H. 1,29 m ; l. 1,83 m
T712
J. P. Morgan, New York ; Robert Bruce Inverarity ; J. J. Klejman, New York ;
Jonathan Bober, Austin, Texas ; Donald Ellis, Dundas, Ontario.

Le style complexe de ce tissage en cordé, connu sous le nom de tissage chilkat, est issu d'une des techniques primitives les plus remarquables du monde. Réalisé sans métier à tisser, les fils de chaîne et de trame n'étant travaillés qu'avec les doigts, ce tissage a plus en commun avec la technique de vannerie qu'avec les techniques de tissage d'autres peuples, comme le tissage au métier des Navajos. Basé sur un style ancien d'entrelacement à deux brins qui a engendré une

grande variété de dessins géométriques (connus en anglais sous le nom de tissage *Raven's Tail* – queue de corbeau –, qui est celui de l'un de ces dessins), le style Chilkat a fait évoluer, en les perfectionnant, les motifs curvilignes des peintures bidimensionnelles classiques de la Côte Nord-Ouest.

Les tisserandes ont reproduit chaque motif particulier à partir de dessins peints sur des panneaux spéciaux représentant une moitié de l'image complète. Les artistes peignant ces panneaux étaient traditionnellement des hommes, bien qu'au début du XXe siècle, lors du déclin de l'art bidimensionnel, les femmes, par nécessité, se soient mises à créer leurs propres motifs. Aujourd'hui, les hommes comme les femmes dessinent les motifs que les tisserandes reproduisent.

La tradition orale indienne reconnaît que ce sont des femmes tsimshian qui ont développé la technique combinant le chaînage horizontal avec le tressage vertical, tissé dans la trame. Cette technique se prête bien à la tradition picturale de la Côte Nord-Ouest, composée d'arcs de cercles, d'ovales, de courbes et de formes en U.

Le développement du style curviligne de tissage semble avoir été rapide, se propageant avec le troc parmi les premières nations du nord dès le début du XIXe siècle. Dès les premières décennies du XIXe siècle, la tradition chilkat « classique » a produit ce bel exemple de couverture tissée. Parmi les habitants du village septentrional de Klukwan, en Alaska, connus comme des Tlingits Chihl'xàat (ou Chilkat), des tisserands maintinrent ces traditions jusqu'au XXe siècle et donnèrent son nom à ce style particulier. Les caractéristiques du style classique chilkat incluent les bordures jaunes et noires, le format du dessin comportant un panneau central avec des images secondaires latérales symétriques. Bien que les coins carrés de la plupart des formes en U et quelques lignes figuratives semblent imputables aux exigences techniques de tissage, ils appartiennent en fait à la tradition des motifs peints qui précède l'évolution des techniques de tissage. Ces caractéristiques peuvent se retrouver dans la peinture et la gravure en relief du milieu du XVIIIe siècle. De plus, ce tissage a adopté l'usage presque exclusif d'un motif secondaire à un ou deux éléments, ainsi que l'ajout de cercles bien dessinés dans les motifs de remplissage, présents dans les premières peintures. À la fin du XIXe siècle, ces conventions picturales ont commencé à reculer, et avec elles d'autres aspects de la culture traditionnelle. Les tisserandes commencèrent à représenter des figures dans un style essentiellement pictural avec des réminiscences de lignes figuratives traditionnelles. Pourtant, la fin du XXe siècle est marquée par une forte résurgence du tissage et du dessin traditionnel.

La technique de tressage vertical permet aussi à la tisserande de travailler un grand motif en plusieurs petites sections. Des groupes d'éléments ou panneaux tissés séparément sont réunis par couture des bords verticaux pans verticaux cousus ensemble (du gros fil de lin est utilisé dans cet exemplaire) afin de former la couverture. Des rangées verticales de tressage à trois brins tissées sur le bord d'une des sections recouvrent et cachent les coutures. La technique de l'entrelacement à deux brins n'étant pas réalisée en ligne droite, les tisserandes sont capables d'adapter les rangées horizontales de chaînage avec les courbes caractéristiques des peintures.

Cette belle couverture est un excellent exemple de l'adaptation des formes tissées au style curviligne. La zone centrale représente une baleine en train de plonger (probablement une baleine à bosse et non un épaulard), qui est un des motifs les plus répandus. Certaines des lignes figuratives primaires noires parcourent le dessin en larges courbes, spécialement dans les parties de l'œil et de la queue de l'animal. Des rangées d'entrelacement à deux brins suivent ces courbes et ces angles mis en place section après section par les doigts expérimentés de la tisserande. Cette figure, un des motifs de baleine plongeant trouvés dans la tradition chilkat de tissage, montre en bas du panneau central la tête de la baleine, et sa queue est déployée sur toute la largeur de la ligne du haut.

Le corps de la baleine est formé par deux lignes verticales noires qui assemblent la tête à la queue. L'évent est représenté par la figure au centre de l'image et les nageoires pectorales sont sous les formes en U et les lignes ovales de chaque côté de la figure centrale. Certains motifs de couvertures mettent en évidence la nageoire dorsale qui s'étend vers l'extérieur du centre de la composition. Ceci indique alors que l'animal représenté est un épaulard, appelé aussi baleine tueuse (Emmons 1916).

Une longue couture verticale sépare le panneau central de deux panneaux latéraux symétriques, dont les motifs sont ambigus. Ils ont été identifiés par le lieutenant George T. Emmons comme « les côtés et le dos de la baleine et, en même temps, un jeune corbeau assis ». Emmons et John Swanton, tous deux renseignés par des Indiens, donnèrent pour ces motifs des explications divergentes. Cela est probablement dû à l'absence de spécificité iconographique de certaines compositions. Il se pourrait que celles-ci soient intentionnellement non représentatives (du moins non spécifiques), libres ainsi d'être interprétées au bon gré des propriétaires. La virtuosité des artistes traditionnels leur permettait de représenter n'importe quel être vivant avec autant de détails qu'ils le souhaitaient et s'ils avaient voulu représenter des corbeaux, ils auraient inclus un bec et des ailes plus typés. Certains motifs de panneaux latéraux, proches de ceux de ce modèle, représentent clairement des baleines de profil. L'ambiguïté de la composition permet à un ensemble de motifs de représenter plusieurs images à la fois, tout en conservant les mêmes formes imbriquées, le même tissage au détail précis et harmonieux, comme sur l'image centrale. La raison du format à trois panneaux reste un mystère.

Plusieurs tissages créés sur le même principe que celui-ci, ont été retrouvés. Quelques-uns se trouvent au Burke Museum cat. 2454 (voir Inveratity, 1950, fig. 9 ; Emmons 1993, p. 376, fig. 566 a, b, avec des différences très minimes). Des images de baleines plongeant avec des différences de motifs plus significatives sont décrites dans Emmons 1993, p. 374, fig. 564 a, b, p. 375, fig. 565, p. 377, fig. 567, p. 378, fig. 568 a, b.

113. Heaume de guerre

Tlingit, sud-est de l'Alaska ; vers 1780-1840
Bois (probablement épinette), cheveux, pigments
Sur le fond, ruban adhésif rectangulaire blanc, tapé à la machine : *July 27, 1961 Ralph Velich N. W. Coast wooden helmet* ; et au stylo à encre bleue : *2.9* ; ruban adhésif ovale blanc, au feutre noir : *70*
H. 22,8 cm ; l. 38,1 cm ; P. 27,9 cm
T765
Ralph W. Velich, Omaha, Nebraska ; George Terasaki, New York ; collection particulière, New York.

MAURER 1977, p. 303, nº 472.

Cet ancien casque de guerrier, inhabituel, peut représenter une souris, une marmotte ou tout autre rongeur qui illustre occasionnellement la mythologie tlingit. L'artiste a adroitement combiné le style traditionnel et le réalisme de l'attitude d'un petit mammifère. De petites oreilles rondes et un petit front, des narines serrées et en spirale et des lèvres saillantes dressent le profil et la curiosité du petit mammifère, constamment à la recherche de nourriture. L'œil énorme dans son orbite de forme traditionnelle, est entouré ici d'une paupière supérieure charnue et d'un pli au-dessus de la joue.

Le faible relief de l'intérieur de l'oreille et de l'arrière des narines est d'un style sobre très ancien, avec des lignes figuratives larges et de fins contours en relief. Peint sur le front et autour du heaume lui-même, le dessin s'est estompé avec le temps, mais il montre son grand âge par la nature et la forme de ses lignes figuratives. La patine profonde cache presque les nervures du bois, mais leur orientation et les marques à sa surface indiquent que le grain du bois est transversal comme le veut la tradition (d'une oreille à l'autre). Cela confère au casque plus de solidité et le rend moins susceptible de se fendre sous un choc reçu verticalement. Cette orientation transversale à la texture du bois est la plus difficile à réaliser pour un sculpteur et indique que la protection a été le premier facteur pris en compte dans l'élaboration de ce casque.

La fonction du heaume est parachevée par une visière en bois. Une planche d'épinette (de deux centimètres environ) a été sciée, puis ébouillantée et pliée pour épouser la circonférence du heaume. Portée sous le casque lui-même, elle protégeait le visage et le cou du guerrier, et une mince fente entre la visière et le heaume lui permettait de voir à travers. Des armures étaient fabriquées avec les mêmes lattes entourées de gros cuir ou de cordage.

Développés pendant les premières guerres intertribales, les heaumes de guerre étaient aussi utilisés lors des premiers affrontements entre les Tlingits et les Russes. Aidés par des mercenaires aléoutes, les Russes combattirent les guerriers tlingits dans la région de Sitka en 1802 et 1804. L'arrivée des armes à feu rendit les casques et armures de bois inutiles, bien que quelques heaumes soient restés importants parmi les emblèmes historiques des clans.

114. Hochet

Tlingit, sud-est de l'Alaska ; vers 1830-1860

Bois dur, peaux d'hermine, cordage de fibres, peinture

Sous la queue, au feutre noir : 2.4 ; à l'encre noire : 2 ; ruban adhésif ovale blanc, au feutre noir : 50

H. 12,7 cm ; l. 33 cm ; ép. 10,1 cm

T768

F. R. Mitchell, acheté à la Columbian Exposition, Chicago, 1893 ; George Terasaki, New York ; collection particulière, New York.

Exp. Northwest Coast, Columbian Exposition, Chicago, 1893.

Les hochets huîtriers-pies font à coup sûr partie des hochets les plus complexes de la Côte Nord-Ouest ; bien que les scènes élaborées représentées sur les hochets concernent presque toujours le chamanisme et la magie, leur singularité et leur diversité sont toujours stupéfiants. Le pouvoir des images symboliques et le son des hochets accompagnaient les chants et les efforts du chaman pour soigner les malades ou la possession d'un esprit. Dans l'ensemble, les corps des hochets huîtriers-pies, diffèrent très peu. Les ailes vers l'arrière, la tête tournée vers le bas et le bec sur la poitrine avec les pattes palmées tournées vers le haut sont plus ou moins la position normale. L'arc gra-cieux typique de la tête et du cou, toujours présent, n'est pas du tout la position naturelle d'un vrai huîtrier-pie. En fait, on ne le voit ainsi que lorsqu'il courtise une femelle sur les rochers, battus par l'océan et les vents, qui forment leur habitat.

Sur ce hochet, l'aspect sculptural de l'oiseau est rendu avec un raffinement considérable. De profil, les lignes courbes sont fortes et gracieuses. Les personnages sur le dos du hochet, une figure humaine, une grenouille et un oiseau au bec droit, se trouvent habituellement sur le dos d'un hochet corbeau traditionnel. Ici, les figures sont arrangées d'une façon différente. L'énorme grenouille est tapie sur le dos de l'huîtrier-pie, la tête et le cou tournés vers le haut dans l'alignement du cou de l'oiseau. La figure humaine est sculptée ventre contre le dos de la grenouille. Seuls ses orteils touchent le corps du hochet, et par un habile travail au burin, son cou ne touche pas la grenouille. Les bras tirés en arrière et les cheveux torsadés sont les signes d'un sorcier torturé en train de faire des aveux, une image courante sur les hochets huîtriers-pies ainsi que sur d'autres objets chamaniques. La présence du corbeau de type hochet queue-d'oiseau et son rôle de bourreau du sorcier représentent une composition peu commune et probablement unique.

115. Dague

Tlingit, sud-est de l'Alaska ; vers 1880
Corne, cuivre, coquilles d'ormeaux, lacet de cuir
H. 38,1 cm ; l. 7,6 cm ; ép. 2,5 cm
T555
Ron Nasser, New York.

Les dagues passaient de main en main à travers les générations et chacune avait sa propre histoire que l'on racontait pendant les cérémonies publiques. Ces armes anciennes étaient sorties et exposées pour donner foi aux histoires orales concernant les hauts faits et les contributions des ancêtres du clan. À la fin du XIXe siècle, les dagues furent fabriquées pour être vendues aux visiteurs et aux touristes. Elles avaient la forme des dagues de guerre, mais leurs lames étaient en cuivre et ne pouvaient s'affûter.

L'Arctique

Ralph T. Coe

Le monde esquimau aléoutien commence à Attu et s'étend à la bordure orientale de l'archipel des îles aléoutiennes, remonte vers les rivages sibériens et alaskiens du détroit de Bering, traverse tout le cercle arctique canadien et englobe les grandes îles polaires jusqu'à la gigantesque île du Groenland, territoire d'outre-mer danois, qui délimite sa frontière à l'est. Les Esquimaux du Pacifique habitent aussi sur la plupart des côtes sud de l'Alaska ; aujourd'hui, leur population est concentrée dans l'île Kodiak, une partie de la péninsule de l'Alaska et autour de Prince William Sound, à l'est d'Anchorage. Autrefois, ils occupaient aussi la péninsule Kenai, sous l'actuel Anchorage.

De petits groupes d'Inuits vivent sur la péninsule Ungava, à l'est de la baie d'Hudson. Leur culture est très proche de celle des peuples aborigènes de l'île Baffin et de l'extrême nord du Groenland. Les côtes du Labrador ont plusieurs communautés inuits qui sont installées près des Indiens Naskapi. Vers la fin du XVIIIe siècle, les Inuits s'étaient dispersés au sud du détroit de Belle Isle, sur les côtes nord du golfe du Saint-Laurent, juste sous le Labrador, mais ils n'y vivent plus aujourd'hui.

Le terme « esquimau » signifie en langue cree « mangeurs de viande crue ». Aujourd'hui, « esquimau » s'applique uniquement aux tribus de l'Alaska. La terminologie canadienne est différente ; le terme « inuit », qui veut dire « les humains », lui est préféré. « Aléoute » n'est pas un mot d'origine aléoutienne ; le terme vient du village russe/koryak sibérien d'Alut, sur la péninsule du Kamchatka, ou du Chukchi « aliat », qui veut dire île. Cependant, les insulaires aléoutiens se font appeler Aléoutes depuis 1750, dix ans après la découverte du grand chapelet d'îles par Vitus Bering.

Le trait le plus étonnant des Aléoutes/Esquimaux/Inuits est l'étendue de leur répartition démographique – dans le monde, c'est la plus large pour un unique groupe ethnique. H. H. Bancroft, l'ethnographe du XIXe siècle, un des seuls à placer dans le même groupe ethnique tous les Indiens de langue aléoute/esquimau, les appelait « le plus grand peuplement littoral au monde […] la longueur de côtes qu'ils occupent ne fait pas moins de huit mille kilomètres » (Bancroft, vol. I, 1886, pp. 42-43).

À part sur la côte occidentale du nord de la baie d'Hudson, où habitent les Inuits du Caribou, la largeur des terres occupées dépasse rarement cent soixante kilomètres. Jusqu'à ce jour, cette énorme partie côtière ne s'est montrée que désolée et inhospitalière. Cette constatation, qui ressemble à une sentence, ne tient pas compte de l'ingéniosité des peuples inuits à s'adapter à leur environnement arctique.

Cette ingéniosité commence par l'étude des conditions météorologiques et du mouvement des glaces. Les Coppers canadiens (Inuits du Cuivre) et les Inuits du Centre construisent leurs habitations sur les côtes méridionales des îles, moins bloquées par les glaces que celles exposées au nord. Jenness remarque qu'« au Canada arctique les mammifères marins sont plus abondants dans certains endroits, suivant les conditions et les mouvements des glaces » (Jenness 1972, p. 406). Le peuple arctique étudiait régulièrement la densité et les déplacements de la population de mammifères marins et de poissons pour délimiter les meilleurs territoires de chasse et de pêche.

Si la première particularité de la démographie des Esquimaux/Inuits est son déploiement, la seconde est la rareté des centres de population. En conformité avec leurs modes de vie et la géographie du territoire, les petites communautés des peuples arctiques étaient dispersées sur de grandes étendues. Elles ne comportaient parfois qu'une ou deux familles. D'autres étaient un peu plus importantes, certaines s'agrandirent jusqu'à constituer des villages. Le long de la côte occidentale de l'Alaska et sur la partie orientale du Groenland, ces villages pouvaient compter plusieurs centaines de personnes. La population esquimaude/inuit était deux fois plus importante en Alaska et au Groenland qu'au Canada arctique. La bonne santé des populations et l'abondance de la faune terrestre et marine eurent un rôle primordial pour l'épanouissement des riches coutumes et de la créativité culturelle.

Aucune autre région culturelle arctique n'égala l'imaginative complexité des masques en bois sculpté du delta Kuskokwim/Yukon du Sud-Ouest de l'Alaska, de l'île de Nunivak et de la côte avoisinante. Chaque accessoire des masques symbolisait la métamorphose d'animaux en êtres humains ; de telles combinaisons représentaient aussi les relations chamaniques entre les hommes et les esprits de la nature qui exercent leur pouvoir avec une véhémence digne du grand théâtre antique.

Pour les cérémonies dans le *qasgiq* (la maison communautaire), des paires de masques étaient utilisées dans toute une série de circonstances pour raconter les histoires les plus variées. Les récits mis en scène étaient, en fait, des prières pour que le gibier soit abondant. Les chamans se servaient de figurines pour raconter les épisodes surnaturels de leurs voyages sous la mer ou dans la lune, avec des masques représentant les esprits du Nord, du vent, des phoques, des castors, des renards ou même des palourdes. Certains de ces masques se portaient sur le front, d'autres étaient si lourds et si difficiles à manier qu'il fallait les suspendre devant le danseur. Des éléments comiques venaient s'insérer dans ces prières théâtrales pour dédramatiser la gravité du rituel, non sans rappeler les artifices employés par les acteurs des tragédies grecques et romaines, pour détendre l'auditoire. Les bords de ces masques suggèrent les frontières de l'univers par où les esprits, célestes et animaux, regardaient le monde des humains. Du bois courbé entourait l'univers céleste et la terre au-dessous : ainsi, le monde entier devenait une scène, avec une myriade de créatures mimant les prières et les espoirs de l'humanité. Les taquineries et divertissements pouvaient atteindre un haut degré d'amusement pour apaiser les esprits. Les missionnaires s'opposèrent aux pratiques religieuses indigènes ainsi qu'aux cérémonies et danses masquées. Les grandes fêtes disparurent et la tradition s'appauvrit énormément.

Le troc de perles de verre, de Churchill dans la baie d'Hudson, aux Inuits du Caribou et Iglulik et à ceux du nord du cercle arctique, facilita l'essor d'une mode vestimentaire originale, sans pareille dans tout l'Arctique central. Ainsi, le troc et la profusion jouèrent un rôle important dans le style artistique. Presque chaque élément du monde inuit et esquimau recelait des merveilles, souvent sur de modestes objets conçus individuellement et réalisés avec goût. Le fonctionnel se combinait au poétique en réponse aux pressions de la lutte pour la sur-

vie, dans des conditions extrêmes et spartiates. La décoration d'objets à la beauté intrinsèque destinés à la pêche dans les trous de la glace se développa, avec des sculptures ou des gravures, comme sur les harpons et les grattoirs pour attirer les phoques à la surface. Des poids spéciaux ornés de séduisantes têtes de phoques s'attachaient aux filets. On trouvait aussi des traîneaux miniatures, répliques exactes de ceux utilisés pour ramener la viande et le gibier à la maison. Une magie bienfaisante investissait les outils les plus communs : les extrémités d'un levier de harpon inupiat en ivoire transformées en têtes d'ours polaire, un talisman pour la chasse, mais aussi un objet d'un charme et d'une beauté remarquables. Même un minuscule repose-doigt sur un harpon à morses de Point Barrow (Inupiat) fut enrichi d'un joyau en ivoire : la sculpture d'une tête de phoque si petite que seul le chasseur utilisant le harpon pouvait la remarquer.

De jolies amulettes en bois, en ivoire ou en os étaient placées dans les kayaks et umiaks (embarcations ouvertes) comme porte-bonheur. Des têtes d'animaux décoraient non seulement les leviers de harpons, mais aussi les boucles d'oreilles, les labrets et les pendentifs. Des images magiques se sculptaient sur les boîtes à outils et à stockage ainsi que sur les boîtes à priser. Leurs fonctions étaient à la fois de protéger le chasseur et d'honorer la proie. À l'exception du Groenland, la magie était généralement considérée comme bénéfique. Des boîtes et récipients élaborés étaient souvent des sculptures libres ; un exemple de motif très prisé représentait un morse adulte ou un phoque portant son bébé sur le dos en guise de couvercle. Une telle profusion de porte-bonheur n'était pas un signe de futilité ; elle relève plutôt d'une aptitude des Esquimaux à réagir de façon positive face à un environnement où chasser, survivre, guérir et se détendre se gagnait chèrement. Pour ceux qui vivent dans l'Arctique, ces contraintes sont un des aspects d'une vie harmonieuse, tout comme est nécessaire l'ingéniosité pour leur apporter des solutions réalistes.

Même pendant l'été arctique, quand le soleil brille et que l'herbe de la toundra foisonne, une fine ligne blanche se profile à l'horizon du continent nord canadien. C'est l'omniprésente couche de glace au large, en retraite provisoire. L'automne ne dure que quelques jours dans certains endroits ; dans d'autres, le changement arrive brutalement. Les vents violents de l'automne et de l'hiver peuvent faire disparaître soudainement le paysage autour des igloos et des habitations sédentaires en terre, en peaux et en bois (quand il en est de disponible). Les habitués des bouleversements violents du climat en reconnaissent les subtils signes annonciateurs et rentrent chez eux pour s'abriter, mais cette brusque altération du temps peut prendre un étranger non avisé à l'improviste. En 1883, Adrien Jacobsen, un aventurier originaire de Norvège parti collecter de l'artisanat esquimau pour le muséum d'ethnologie de Berlin, fit l'expérience des conditions climatiques rigoureuses de l'Alaska. « L'orage venant du sud fit rage toute la nuit et nous empêcha de partir le matin suivant. À midi, nous partîmes enfin […]

Il neigeait et tout le paysage s'était transformé en tapis monotone où il était impossible de s'orienter. Notre guide perdit la route. [Ils avaient installé le campement à découvert.] À l'aube, nous repartîmes et nous eûmes la chance, en dépit des bourrasques de neige, de trouver une trace de traîneau qui nous conduisit au village de Paingakmuit, qui était composé de dix maisons et de deux Kassigits [la maison cérémoniale commune dans laquelle Jacobsen fut autorisé à passer la nuit] » (Jacobsen 1977, p. 177). Il en conclut qu'une nuit de plus passée dehors aurait été fatale. Malgré ses lunettes des neiges esquimaudes, le soleil l'avait rendu presque aveugle. Cet extrait du voyage de Jacobsen nous donne une bonne idée de la sévérité des conditions climatiques que les Esquimaux affrontent jour après jour.

En plus des formes artistiques lentement élaborées à travers les siècles, les Esquimaux ont vite appris à copier les outils venant de l'Occident. Dans les écoles de Nome, les professeurs populaires recevaient souvent en remerciement des miniatures en ivoire représentant des marteaux, des scies, des maillets ou des ciseaux, quelquefois au bout d'une chaînette d'ivoire. Les plus belles sculptures contemporaines en ivoire viennent de l'île Saint-Laurent. Les artistes talentueux se plaisent à réutiliser de vieux fragments d'ivoire qu'ils trouvent sur des sites archéologiques et qu'ils transforment en ours polaires, en morses et en phoques. L'ingéniosité des Esquimaux n'a pas de borne, et leurs ressources sont illimitées.

La plus grande cellule sociale arctique est la famille nucléaire. Un homme respecté pouvait devenir un meneur si la situation le demandait, mais ne devenait jamais un chef, institution inconnue dans la société esquimaude. Les chamans (des hommes le plus souvent, plus rarement des femmes) remplissaient plusieurs fonctions : prêtre, prophète, médecin et guérisseur. Leur habileté à rencontrer les esprits et à manier le surnaturel leur apportait la puissance et l'aisance, aussi longtemps que duraient leurs pouvoirs. Les chamans étaient assistés d'alliés tels les esprits tutélaires d'oiseaux et de phoques – souvent représentés par des figurines – qui pouvaient les accompagner sous la mer ou sur la lune, parmi les étoiles et les constellations. Au cours de consultations théâtrales, le chaman entrait en transe ; au retour de ses épreuves vers son lointain auditoire du monde invisible, le chaman rendait compte des résultats de son expérience : les prophéties attendues ou les guérisons. Les cérémonies des chamans étaient tenues généralement dans la maison communautaire à la demande expresse d'un patient ou d'un dirigeant. La popularité des chamans pouvant grandir et faiblir, cela incitait les rivaux à se surpasser. Les cérémonies chamaniques, que l'on pense originaires de la Sibérie centrale, pouvaient être pratiquées autant de fois que nécessaire. Ces rituels avec le cycle des festivités théâtrales, apportaient une cohésion mythique, en offrant un soutien spirituel en même temps qu'une distraction.

Pendant le court été, les fleurs et l'herbe de la toundra s'épanouissait, et les petits arbres de la taïga se coloraient de vert pâle. Les danses se déroulaient à l'extérieur. Elles avaient un caractère moins religieux, car les esprits de la terre, de la mer et de l'air avaient été invoqués précédemment pendant les fêtes d'hiver. Les femmes dansaient avec des masques de doigts distinctifs ou portaient de délicats « masques à contours » qui ne leur couvraient pas le visage. En résumé, en Arctique occidental l'art était d'inspiration incantatoire, mais il devait aussi procurer du plaisir chaque fois qu'il se manifestait.

Presque partout dans l'Arctique, il existait une esthétique de courbes généreuses dont la facture rappelait les collines de la toundra plongeant vers la mer, et les formes arrondies des animaux rencontrés. Les formes et les motifs magiquement interprétés, avec une grande pratique, puisaient leurs sources d'inspiration dans les confins de la mer et de la toundra et dans les astres perchés dans la voûte céleste. Quelques masques Yup'ik de l'Alaska central possédaient des trous décoratifs pour permettre aux corps célestes de voir à travers, indication de la transparence des formes telles que les Esquimaux les concevaient.

Le cérémonialisme était beaucoup plus succinct dans l'Est du Canada. Là, le seul festival régulier se tenait à l'automne en l'honneur de Sedna, la déesse maîtresse des animaux marins. C'était une divinité solennelle et austère que les chamans ne consultaient que pour obtenir des renseignements concernant la chasse. Ce festival tenait une place importante dans l'est de l'Arctique Central, particulièrement sur l'île Baffin. Il y avait peu de fantaisie dans le rituel de Sedna, cependant deux personnages masqués de peaux de phoque unissaient hommes et femmes par couples, indépendamment de leurs liens de mariage. De simples masques en peaux de phoque et de chien furent utilisés au Labrador jusque vers 1930, mais, à cette période, ils avaient perdu leur caractère mystique. Les esprits tupilaks du Groenland avaient le don d'ubiquité et pouvaient voler partout. Les sculptures de bois et d'ivoire les représentant montrent leur nature malveillante.

En dépit des contacts entre les Esquimaux et les explorateurs européens au XVIe siècle, particulièrement Martin Frobisher en 1577, la civilisation occidentale empiéta sur la région du Grand Nord d'une façon plus hésitante que dans toute autre partie de l'Amérique du Nord, l'entreprise russe en Alaska du sud exceptée. La barrière climatique qui repoussait les étrangers mal équipés aida les peuples indigènes à contourner les influences extérieures et, à un degré moindre, à retarder les agressions contre leur mode de vie traditionnel.

L'arrivée de missionnaires au début du XXe siècle provoqua la fin du chamanisme. Les commodités modernes ont été généralement bien acceptées, mais elles ont aussi encouragé le déclin de la spiritualité. Plusieurs aspects de la religion traditionnelle esquimaude semblent pourtant renaître dans tout l'Arctique.

115. Parka (Qas'peq)

Île Saint-Laurent, Alaska ; vers 1890-1910
Intestins de phoque, fourrure de morse, fourrure d'ours polaire, nerf, peau, fil, teintures d'aniline
H. 1,11 m ; l. 1,47 m
T763
Annie Oktokiyuk en héritage de son père, île Saint-Laurent, Alaska ; Meryl Goldfarb, Chicago, Illinois ; Don Ellis, Dundas, Ontario.

Donald Ellis Gallery 1999, p. 9.

Pendant des siècles, la confection et l'utilisation de ces parkas *(qas'peq)* en intestins de phoque ont été une forme importante d'art fonctionnel. Ces intestins doivent être nettoyés pour être ensuite gonflés d'air, ce qui les transforme en longs tubes. Il y a deux façons de les sécher : soit le boyau est laissé au soleil, ce qui lui donne un aspect translucide, soit – c'est le cas ici – il est exposé à des températures en dessous de zéro, et le gel le rend opaque. En yup'ik, on appelle ce procédé *qerrecqaq*. Un point spécial *(asuirun)* est utilisé dans la fabrication pour consolider les coutures et prévenir déchirure ou effilochage.

Les deux côtés de la couture sont d'abord doublés puis une technique compliquée de couture comprenant trois différents types de points est utilisée pour assurer la solidité de l'ouvrage.

Le dessin, un V inversé – ou un motif triangulaire – est l'élément principal et peut être interprété de différentes manières, mais toutes ont des significations anciennes. Le motif peut vouloir représenter la tête d'un harpon, des montagnes *(ingringuaat)* ou des dents de loup. Il fait peut-être aussi référence aux houppelandes de fourrure ou *alngaat,* qui sont communément placées sur des parkas de fourrure. Une petite pièce de fourrure, de glouton par exemple, est coupée en deux, pour faire la houppe. Le bord et les poignets du parka sont doublés de fourrure d'ours blanc, dont le côté peau est teint à l'ocre rouge. La couleur de base utilisée est le rouge, d'une grande signification puisqu'il représente le sang du peuple qui unit chaque individu de la communauté. Le rouge est utilisé pour les objets importants et les objets cérémoniels. Le noir est la couleur du royaume spirituel et on le trouve autour des ouvertures du capuchon et dans les coutures.

Chuna McIntyre

116. Éventail de danse

Yup'ik du Centre, Alaska ; vers 1875-1900
Bois, plumes de mouette, plumes d'oie, plumes de cygne, nerf,
pigments rouges, blancs et deux teintes de bleu
De l'autre côté, à l'encre noire : *ESKIMO DANCIE JOA* ;
étiquette ronde, au stylo à bille bleu : *AA/22* ; étiquette volante,
au feutre noir : *L.1993.54.10*
H. 76,2 cm ; l. 43,1 cm
T228
George Terasaki, New York.

Exp. Metropolitan Museum of Art 1991-1995.

117. Masque nepcetat

Yup'ik du Centre, probablement de la vallée du bas Yukon, Alaska ;
vers 1840-1860
Bois, plumes de cygne, plumes de canard, plumes de harfang, dents de
renard, lacet en peau de phoque, roseau, sang, pigment bleu, ocre,
charbon de bois
À l'envers, à l'encre noire : *G150*
H. 55,8 cm ; l. 83,8 cm ; ép. 7,6 cm
T231
Acquis par un missionnaire jésuite dans l'ouest de l'Alaska en 1870 ou
1886 ; diocèse de Wheeling, Wheeling, Virginie ; Pacific Northwest Indian
Center, Spokane, Washington ; Robert L. Stolper, New York et Munich,
Allemagne ; Andre Nasser, New York.

ROUSSELOT *et al.* 1991, pp. 352-353 ; VINCENT 1995a, p. 90 ; exp. THE 45TH
ANNUAL WINTER ANTIQUES SHOW, 14-24 janvier 1999, Seventh Regiment
Armory, New York.

Ce masque nepcetat, un élément prédominant du pouvoir chamanique des Yup'ik du Centre, appartient à la plus puissante catégorie des masques de l'Alaska du Sud-Ouest. On trouve les masques nepcetat de St. Michael au sud de la péninsule de l'Alaska, mais la majorité d'entre eux est originaire du cours inférieur du Yukon et de la rivière voisine, la Kuskokwim. La figure très expressive et la plaque qui forme le fond neutre, symbolisme traité en abstraction extrême, sont le cœur de la sculpture yup'ik du Centre.

Trois trouées rondes sur la plaque de fond représentent les ouvertures du « ciel » ou de la « glace », par lesquelles les animaux passent pour rejoindre le chasseur et le monde des hommes. Les trouées sont généralement décorées de petites garnitures, souvent des phoques, comme sur cet exemplaire. Ces figures rappellent les amulettes en ivoire pour la chasse, fabriquées encore aujourd'hui par les artistes traditionnels yup'ik du Centre. L'esprit Nepcetat était masculin, à en juger par la décoration attachée sous le menton.

Bien qu'ils présentent à la base des traits communs, les masques étaient sculptés selon les indications individuelles du chaman. Il existe ainsi différentes versions du masque nepcetat – l'un avec des mains et des pieds, un autre avec le visage plein d'accessoires secondaires –, des phoques, des oiseaux et même un petit kayak rappelant les amulettes de chasse antiques et modernes, et peut-être même un masque Nepcetat pour enfant (voir Fienup-Riordan 1996, pp. 79-80, 82, 84).

Les masques nepcetat démontraient la puissance et les affiliations de leurs propriétaires/chamans, dont ils incarnaient le pouvoir personnel (voir Collins *et al.* 1977, p. 112, fig. 155). Ce dernier démontrait ses pouvoirs de guérison, de divination, de prédiction et de maîtrise des animaux en se dressant face à son auditoire avec son masque nepcetat collé sur le visage, sans qu'aucune attache le retienne (le mot *nepcetaq* signifie s'accrocher, adhérer ou coller ; très peu de masques de cette catégorie étaient équipés, à l'intérieur, d'un crampon ou autre fixation pour les dents). Quand il ne pouvait plus tenir le masque ou quand il ne pouvait le faire qu'avec difficulté, sa puissance l'abandonnait. Ces masques, contrairement aux autres, n'étaient pas détruits ; la famille du chaman les conservait souvent après son décès.

118. Masque « Joyeux Luron »

Koniag, île Kodiak, Alaska ; vers 1850
Bois de cèdre, plumes, nerf
H. 53,3 cm ; l. 22,2 cm ; ép. 6,3 cm
T234
Marchand français, Paris, France ; John Arieta, Londres, Angleterre ;
George Terasaki, New York ; Chester Dentan, Santa Fe, Nouveau-
Mexique ; Morning Star Gallery, Santa Fe, Nouveau-Mexique.

VINCENT 1995a, p. 94 ; VINCENT 1995c, p. 34.

Cet important masque koniaq est du même genre que la minia-
ture sculptée au bout de la poignée d'un tambour à main offert
par Adolf Etholèn au musée national de Finlande en 1846 (voir
Varjola 1990, pp. 240-241, fig. 392). Le musée d'Anthropologie et
d'Ethnologie de Saint-Petersbourg, en Russie, possède un masque similaire (voir Fitzhugh et Crowell 1988, p. 50, fig. 50). La planche et les
cerceaux sont plus marqués sur l'exemplaire de Saint-Petersbourg et
le visage est barré horizontalement et non verticalement. Les cerceaux et les plumes rapprochent ce masque des modèles du Nord et
des Aléoutes, mais la pureté des lignes est typiquement koniaq.

Le masque à planche de Saint-Petersbourg fut mentionné par son
acquéreur, I. G. Voznesenski, comme faisant partie d'une série utilisée pour une pièce de théâtre, une intrigue en six actes, à laquelle il
assista en 1842. Son titre était *Le Joyeux Luron* (« Happy Fellow »). Il
est possible que l'exemplaire de la collection Thaw soit associé à ce genre
de représentations théâtrales. En 1872, Alphonse Pinart fit don au château-musée de Boulogne-sur-Mer de deux masques identiques, mais
probablement plus récents (voir Rousselot *et al.* 1991, pp. 306-307).
L'un d'eux représente un groupe intéressant d'animaux, dont un couple
de caribous, peints sur la planche. L'autre a une bordure en fourrure
de caribou tout autour de la planche de fond, sur laquelle onze insignes
ronds en forme d'hélices sont posés librement autour du visage, avec
quatre plumes de bois au sommet.

Biographies des auteurs

JANET CATHERINE BERLO

Janet Berlo est l'équivalent du professeur Susan B. Anthony du « Gender and Women's Studies and Profess of Art History » à l'Université de Rochester dans l'État de New York. Elle a obtenu son doctorat en art et archéologie précolombiens à Yale en 1980. Elle a publié de nombreux ouvrages sur l'art précolombien du Mexique et de l'Amérique du Nord, parmi lesquels *The Early Years of American Art History* (University of Washington Press, 1992), *Plains Indian Drawings 1865-1935 : Pages from a Visual History* (Abrams, 1996) et *Native North American Art* (avec Ruth Phillips, Oxford University Press, 1998). Le National Endowment for the Humanities, la Fondation Getty et la Fondation John Simon Guggenheim lui ont accordét une bourse pour son travail sur les peintures des Indiens des Plaines.

Dr THEODORE J. BRASSER

Ancien conservateur du musée national d'Ethnologie, Leyde, Pays-Bas, et du musée canadien de la Civilisation, Ottawa, Canada. Professeur auxiliaire d'histoire de l'art amérindien à l'Université de Carleton, Ottawa, et à l'Université de Trent, Peterborough, Canada. Expert auprès de Sotheby's et Christie's pour l'art des Indiens d'Amérique. Auteur de plus de cinquante publications sur l'art des Indiens d'Amérique. Important travail ethnographique à Lapland, parmi les Shinnecock de Long Island, New York, les Stockbridge du Wisconsin, les Crees des Plaines du Saskatchewan et les tribus blackfeet de l'Alberta et du Montana.

STEVEN C. BROWN

Intrigué par la grâce, la beauté et la spiritualité de l'art de la Côte Nord-Ouest, Steven C. Brown fut attiré par l'art des Premiers Peuples dès son plus jeune âge. Il vécut et travailla plus de quinze ans parmi les communautés des Premières Nations, de l'État de Washington à l'Alaska, s'impliquant profondément dans la sculpture et l'enseignement. Brown est toujours un créateur, il collabore souvent avec des artistes Indiens de la région de Seattle. Ses expériences sur le terrain donnent de la profondeur à son œuvre. Il est devenu Assistant Curator à la section Art des Indiens d'Amérique du Seattle Art Museum en juillet 1990, puis Associate Curator en 1995. En plus de nombreux articles sur l'art de la Côte Nord-Ouest, Brown a publié deux livres en association avec le Seattle Art Museum, *The Spirit Within : Northwest Coast Art from the John H. Hauberg Collection* (Seattle Art Museum/ Rizzoli) et *Native Visions : Evolution in Northwest Coast from the 18th through the 20th Century* (Seattle Art Museum/University of Washington Press).

SHERRY BRYDON

Sherry Brydon est conservateur de la collection Eugene et Clare Thaw au Fenimore Art Museum, Cooperstown, New York.

RALPH T. COE

Ralph T. Coe a été le directeur de la Nelson Gallery of Art, à Kansas City, Missouri. Il a organisé *Sacred Circles: Two Thousand Years of North American Indian Art et de Lost and Found Traditions: Native American Art 1965-1985*. Ses écrits sont consacrés à l'art européen et à l'art moderne

MARVIN COHODAS

Marvin Cohodas a passé son doctorat en histoire de l'art à l'Université de Columbia en 1974. Il est actuellement professeur au département des Beaux-Arts de l'Université de British Columbia. Parmi ses publications, on notera *Basket Weavers for the California Curio Trade: Elizabeth et Louise Hickox* (University of Arizona Press, 1997). Il est aussi un vannier réputé.

JOE HORSE CAPTURE

Joe D. Horse Capture est un A'ani (Gros Ventre); il est conservateur adjoint au département « Africa, Oceanic, and the Americans » de l'Institut d'art de Minneapolis.

CHUNA McINTYRE

Chuna McIntyre, un Eskimo yup'ik du Centre, naquit et fut élevé dans le village d'Eck en Alaska, sur les bords de la mer de Bering. Il est le fondateur et le directeur des Nunamta Yup'ik Eskimo Dancers (Danseurs eskimo yup'ik de notre terre) et a participé à l'organisation du Tuma Theater (Théâtre des empreintes de pas), une troupe de comédiens et danseurs indiens. Il a fait ses études à l'Université d'Alaska à Fairbanks ainsi qu'à la Sonoma State University en 1991, où il a été diplômé en art (discipline dominante) et en Native American studies (sous-dominante). Il enseigne la langue yup'ik du Centre à l'Université de Stanford.

GILBERT T. VINCENT

Gilbert T. Vincent est diplômé du Collège de Harvard, de l'Université de Cambridge, du Winterthur Program et de l'Université du Delaware. Il est actuellement président de la New York State Historical Association et du Farmers' Museum à Cooperstown, New York. Il a écrit des livres et des articles sur la peinture américaine, les arts décoratifs, l'architecture et l'art des Indiens d'Amérique.

ANDREW HUNTER WHITEFORD

Andrew H. Whiteford est anthropologue; il a enseigné au Beloit College, à l'Université d'État du Michigan et à l'Université du Nouveau-Mexique. Il est, entre autres, directeur du Logan Museum of Anthropology au Beloit College, Research Curator à l'Indian Art Research Center et Research Associate au Wheelwright Museum de Santa Fe. Whiteford a reçu le prix « Lifetime Achievement » de la Native American Art Studies Association. Il est l'auteur de plusieurs publications sur les divers aspects de l'art des Indiens d'Amérique.

Bibliographie

ANDERSON Marcia, HUSSEY-ARNSTON Kathy, « Ojibwe Bandolier Bags in the Collection of the Minnesota Historical Society », *American Indian Art Magazine,* vol. XI, n° 4, 1986, pp. 46-57.

ATHINEOS Doris, « Tribal Art Law », *Antique Monthly,* 1993, pp. 26-30.

BAER Joshua, *Collecting the Navajo Child's Blanket. Santa Fe, New Mexico.* Morning Star Gallery, 1986.

BAER Joshua, « Garments of Brightness : The art and history of the Navajo eye dazzler », *The Magazine Antiques,* vol. CXL, n° 4, 1991, pp. 580-591.

BANCROFT Hubert H., *History of Alaska, 1730-1885.* San Francisco : The History Book Company, 1886 ; reprint, New York : Antiquarian Press, 1959. (The Works of Hubert H. Bancroft 33.)

BANKO Walter, « A Short Biography of Artist and Writer Paul Coze (1903-1974) », non publié, vers 1998. (Thaw Collection accession files.)

BATKIN Jonathan (éd.), *Pottery of the Pueblos of New Mexico : 1700-1940.* Colorado Springs, Colorado : The Taylor Museum of the Colorado Springs Fine Arts Center, 1987.

BATKIN Jonathan, *Splendid Heritage : Masterpieces of Native American Art from the Masco Collection.* Santa Fe, Nouveau-Mexique : Wheelwright Museum of the American Indian, 1995.

BERLANT Anthony, KAHLENBERG Mary Hunt, *Walk in Beauty : The Navajo and Their Blankets.* Boston, Massachusetts : New York Graphic Society, 1977.

BERLO Janet C. (éd.), « Introduction : The Formative Years of Native American Art History », dans *The Early Years of Native American Art History : The Politics of Scholarship and Collecting.* Seattle : University of Washington Press, 1992.

BERLO Janet C. (éd.), *Plains Indian Drawings 1865-1935 : Pages From A Visual History.* New York : Harry N. Abrams, 1996.

BERLO Janet C., PHILLIPS Ruth B., *Native North American Art.* Oxford : Oxford University Press, 1998.

Best and McClelland. *Quillwork by Native Peoples in Canada.* Toronto : Royal Ontario Museum, 1977.

BRASSER Ted J., *« Bo'jou, Neejee ! » : Profiles of Canadian Indian Art.* Ottawa : National Museum of Man, 1976.

BRASSER Ted J., « Notes on a Recently Discovered Indian Shirt from New France », *American Indian Art Magazine,* vol. XXIV, n° 2, printemps 1999, pp. 46-55.

BRAVE Joanna, « Basketry of the Paiute and Washoe Indians of Nevada », *Indians at Work,* vol. IV, n° 3, 1936, pp. 45-46.

BRODY J. J., *Mimbres Painted Pottery.* Albuquerque, Nouveau-Mexique : School of American Research, University of New Mexico Press, 1977.

BROWN Steven C., « Observations on Northwest Coast Art », dans BROWN Steven (éd.), *The Spirit Within : Northwest Coast Native Art from the John H. Hauberg Collection.* Seattle – New York : Seattle Art Museum – Rizzoli, 1995.

BURLAND Cottie, *Gods and Demons in Primitive Art.* Londres : Hamlyn, 1973.

BURNHAM Dorothy, *The Comfortable Arts : Traditional Spinning and Weaving in Canada.* Ottawa : National Museums of Canada, 1981.

BURNHAM Dorothy, *To Please the Caribou : Pained Caribou-skin Coats Worn by the Naskapi, Montagnais, and Cree Hunters of the Quebec-Labrador Peninsula.* Seattle : University of Washington Press, 1992.

BUTTERFIELD AND BUTTERFIELD, Butterfield and Butterfield, mars, 1988.

CERVERI Doris, « Dat-So-La-Lee : Queen of the Basketmakers », *Real West,* vol. XI, nᵒ 65, 1968, pp. 40-42.

Cincinnati Art Museum, *Art of the First Americans.* Cincinnati : Cincinnati Art Museum, 1976.

COE Ralph T., *Sacred Circles : Two Thousand Years of North American Indian Art.* Kansas City, Missouri : Nelson Gallery of Art, 1977.

COHN Amy C., « Arts and Crafts of the Nevada Indians », dans *First Biennial Report of the Nevada Historical Society 1907-1908,* vol. I. Carson City, Nevada : State Printing Office, 1909.

COHODAS Marvin, « The Washoe Florescence 1895-1935 », *Vanguard,* vol. VIII, nᵒ 5, 1979, pp. 6-10.

COHODAS Marvin, « Dat so la Lee and the Degikup », *Halcyon,* 1982, pp. 119-40.

COHODAS Marvin, « Washoe Basketry », *American Indian Basketry and other Native Arts,* 1983, vol. III, nᵒ 4, pp. 4-30.

COHODAS Marvin, « Washoe Innovators and their Patrons », dans *The Arts of the North America Indian : Native Traditions in Evolution.* New York : Hudson Hills Press, 1986.

COHODAS Marvin, « Louisa Keyser and the Cohns : Mythmaking and Basket Making in the American West », dans BERLO Janet C. (éd.), *The Early Years of Native American Art History : The Politics of Scholarship and Collecting.* Seattle : University of Washington Press, 1992.

COHODAS Marvin, *Basket Weavers for the California Curio Trade : Elizabeth and Louise Hickox.* Tucson, Arizona : University of Arizona Press, 1997.

COLE Douglas, *Captured Heritage : The Scramble for Northwest Coast Artifacts.* Vancouver : Douglas & McIntyre, 1985.

COLLINS Henry B., DE LAGUNA Frederica, CARPENTER Edmund, STONE Peter, *The Far North : 2000 Years of American Eskimo and Indian Art.* Bloomington, Indiana : Indiana University Press, 1977.

Colorado Springs Fine Arts Center, *Colorado Springs Fine Arts Center : A History and Selections from the Permanent Collections.* Colorado Springs, Colorado : Colorado Springs Fine Arts Center, 1986.

CONN Richard, *Robes of White Shell and Sunrise : Personal Decorative Arts of Native Americans.* Denver : Denver Art Museum, 1974.

CONN Richard, *Native American Art in the Denver Art Museum.* Denver : Denver Art Museum, 1979.

CONN Richard, *Circles of the World : Traditional Art of the Plains Indians.* Denver : Denver Art Museum, 1982.

COVARRUBIAS Miguel, *El Arte Indigena de Norteamerica : Exposicion Celebrada en el Museo Nacional de Antropologia del xx de marso al xx de abril de 1945.* Mexico : Fondo de Cultural Economica, 1945.

CURTIS Edward S., « The Kwakiutl », *The North American Indian,* vol. X. Norwood, Connecticut : Plimpton Press, 1915 ; reprint, New York : Johnson Reprint Corporation, 1970.

D'AMBROSIO Paul, « The Erie Canal and New York State Folk Art », *The Magazine Antiques,* avril 1999, p. 603.

DAVIS Robert Davis, *Native Arts of the Pacific Northwest.* Palo Alto, California : Stanford University Press, 1949.

DAVIS Sam, « The Nevada Piutes », *Sunset Magazine,* 15, 1905, pp. 458-460.

DOCKSTADER Frederick J., *Indian Art in America : The Arts and Crafts of the North American Indian.* Greenwich, Connecticut : New York Graphic Society, 1961 (1ʳᵉ éd.), 1962 (2ᵉ éd.), 1966 (3ᵉ éd.).

DOCKSTADER Frederick J., « Kwawhlhal Carvings from Skidegate », *Natural History,* 71, 1962, pp. 30-39.

DOUGLAS, Frederic H., d'HARNONCOURT Rene, *Indian Art of the United States.* New York : Arno Press, 1941 ; rééd., 1969.

DREW Leslie, WILSON Douglas, *Argillite : Art of the Haida.* North Vancouver, Colombie britannique : Hancock House Publishers Ltd., 1980.

DUBIN Lois Sherr, *The History of Beads from 30,000 B.C. to the Present.* New York : Harry N. Abrams, 1987.

DUBOIS Daniel, « Indianism in France », *European Review of Native American Studies,* vol. VII, n° 1, 1993, pp. 27-36.

DUBOIS Daniel, BERGER Yves, *Les Indiens des Plaines.* Paris : Dargaud, 1978.

DUFF Wilson, *Images : Stone B.C. Thirty Centuries of Northwest Coast Indian Sculpture.* Saanichton, British Columbia : Hancock House Publishers, 1975.

DUFF Wilson, HOLM Bill, REID Bill, *Arts of the Raven.* Vancouver : Vancouver Art Gallery, 1967.

DUNCAN Kate Corbin, *Northern Athapaskan Art : A Beadwork Tradition.* Seattle : University of Washington Press, 1989.

EMMONS George T., *The Basketry of the Tlingit and The Chilkat Blanket.* Juneau, Alaska : Sheldon Jackson Museum (rééd.) 1993 (1907).

EMMONS George T., « The Whale House of the Chilkat », Anthropological Papers of the American Museum of Natural History, vol. XIX-1. Cambridge, 1916.

EMMONS George T. (éd.), DELAGUNA Frederica (éd.), *The Tlingit Indians.* University of Washington Press – American Museum of Natural History, 1991.

EWERS John C., *George Catlin's Portfolio in the British Museum.* Washington : Smithsonian Institution Press, 1979.

EWING Douglas C., *Pleasing the Spirits : A Catalogue of a Collection of American Indian Art.* New York : Ghylen Press, 1982.

FANE Diana, JACKNIS Ira, BREEN Lise M., *Objects of Myth and Memory : American Indian Art at the Brooklyn Museum.* New York – Seattle : Brooklyn Museum – University of Washington Press, 1991.

FEDER Norman, *American Indian Art.* New York : Harry N. Abrams, 1971b.

FEDER Norman, « Crow Blanket Strip Rosettes », *American Indian Art Magazine,* vol. VI, n° 1, hiver 1980, pp. 40-45, 88.

FEEST Christian, « From North America », dans « *Primitivism* » in *20th Century Art,* vol. I. New York : Museum of Modern Art, 1984.

FEEST Christian, « Tab Pouches of Northeastern North America », *American Indian Art Magazine,* vol. XXII, n° 4, 1997, pp. 34-47.

FEEST Christian, *Native Arts of North America.* New York : Oxford University Press, 1980 ; reprint, 1994.

FEDER Norman, *Two Hundred Years of North American Indian Art.* New York : Praeger, 1971[a].

FENICHELL Jill Weitzman, « The Flag in American Indian Art », *Antiques and the Arts Weekly,* 23 juillet, 1993, pp. 1, 72-74.

FIELD Clark, *The Art and the Romance of Indian Basketry.* Tulsa, Oklahoma : Philbrook Art Center, 1964.

FIENUP-RIORDAN Ann, *The Living Tradition of Yup'ik Masks.* Seattle : University of Washington Press, 1996.

FITZHUGH William W., KAPLAN Susan A., *Inua : Spirit World of the Bering Sea Eskimo.* Washington : Smithsonian Institution Press, 1988.

FRANK Larry, HARLOW Francis H., *Historic Pottery of the Pueblo Indians 1600-1880.* Boston, Massachusetts : New York Graphic Society, 1974.

FURST Peter T., FURST Jill L., *North American Indian Art.* New York : Rizzoli, 1982.

GLENBOW MUSEUM, *The Spirit Sings : Artistic Traditions of Canada's First Peoples,* cat. exp. Toronto : McClelland and Stewart, 1987.

GODDARD Pliny Earle, « Life and Culture of the Hupa », *University of California Publications in American Archaeology and Ethnology,* vol. I, n° 1. Berkeley, California : The University Press, 1903.

GUNTHER Erna, *Indians of the Northwest Coast.* Seattle – Colorado Springs : Seattle Art Museum – Taylor Museum, 1951.

HAIL Barbara, *Hau, Kola!: The Plains Indian Collection of the Haffenreffer Museum of Anthropology.* Bristol, Rhode Island : Haffenreffer Museum of Anthropology, 1980.

HARDING Deborah, « Bagging the Tourist Market : A descriptive and statistical study of nineteenth century Iroquois beaded bags », mémoire de maîtrise, université de Pittsburgh, 1994.

HARLOW Francis H., *Two Hundred Years of Historic Pueblo Pottery : The Gallegos Collection.* Santa Fe, Nouveau-Mexique : Morning Star Gallery, 1990.

HARNER Michael J., ELSASSER Albert B., *Art of the Northwest Coast.* Berkeley, Californie : University of California, 1965.

HAWTHORN Audrey, *Art of the Kwakiutl Indians and Other Northwest Coast Tribes.* Seattle : University of Washington Press, 1967.

HENRY John Frazier, *Early Maritime Artists of the Pacific Northwest Coast, 1741-1841.* Seattle : University of Washington Press, 1984.

HERBST Toby, KOPP Joel, *The Flag in American Indian Art.* Seattle – Cooperstown : University of Washington Press – New York State Historical Association, 1993.

HILTON Susanne F., « Haihais, Bella Bella, and Oowekeeno », dans STURTEVANT William C. (gén. éd.), SUTTLES Wayne (vol. éd.), *Handbook of North American Indians,* vol. VII, *Northwest Coast.* Washington : Smithsonian Institution, 1990.

HODGE G. Stuart, *The Art of the Great Lakes Indians.* Flint, Michigan : Flint Institute of Arts, 1973.

HOLM Bill, « Heraldic Carving Styles of the Northwest Coast », dans *American Indian Art : Form and Tradition.* Minneapolis Institute of Arts, 1972.

HOLM Bill, Smokey-Top : The Art and Times of Willie Seaweed. Seattle : University of Washington Press, 1983a.

HOLM Bill, *Box of Daylight : Northwest Coast Indian Art.* Seattle Art Museum/University of Washington Press, 1983b.

HOLM Bill, « Form in Northwest Coast Art », dans CARLSON Roy (éd.), *Indian Art Traditions of the Northwest Coast.* Burnaby, British Columbia : Simon Fraser University, 1983c.

HOLM Bill, *Spirit and Ancestor, A Century of Northwest Coast Indian Art at the Burke Museum,* monograph 4. Seattle : University of Washington Press, 1987.

HOLM Bill, « Art and Culture Change at the Tlingit-Eskimo Border », dans FITZHUGH William W. (éd.), CROWELL Aron (éd.), *Crossroads of Continents : Cultures of Siberia and Alaska.* Washington, D.C. : Smithsonian Institution Press, 1988.

HOLSTEIN Philip, ERDMAN Donnelley, *Enduring Visions : 1000 Years of Southwestern Indian Art.* Denver : Aspen Center for the Visual Arts, 1979.

HOOPER James T., BURLAND Cottie A., *The Art of Primitive Peoples.* New York : Philosophical Library, 1954.

HUMBOLDT STATE UNIVERSITY, *Elizabeth Conrad Hickox : Baskets from the Center of the World.* Arcata, California : Humboldt State University, 1991.

INNIS Mary Quayle (éd.), *Mrs. Simcoe's Diary.* Toronto : MacMillian of Canada, 1965.

INVERARITY Robert Bruce, *Art of the Northwest Coast Indians.* Berkeley/Los Angeles : University of California Press, 1950.

JACKNIS Ira, FANE Diana, BREEN Lise M., *Objects of Myth and Memory : American Indian Art at The Brooklyn Museum.* Seattle : University of Washington Press/The Brooklyn Museum, 1991.

JACOBSEN John Adrian, GUNTHER Erna (trad.), *Alaska Voyage, 1881-1883 : An Expedition to the Northwest Coast of America.* Chicago : University of Chicago Press, 1977.

JENNESS Diamond, *Indians of Canada,* Bulletin 65, *Anthropological Series,* n° 15, 6e éd. Ottawa : National Museum of Canada, 1972.

JOHNSON Harmer, *Guide to the Art of the Americas.* New York : Rizzoli, 1992.

JONAITIS Aldona, *From the Land of the Totem Poles : The Northwest Coast Indian Art Collection at the American Museum of Natural History.* Seattle/New York : University of Washington Press/ American Museum of Natural History, 1988.

JONAITIS Aldona, *Chiefly Feasts: The Enduring Kwakiutl Potlatch.* New York/Seattle: American Museum of Natural History/ University of Washington Press, 1991.

KAUFMAN Alice, SELSER Christopher, *The Navajo Weaving Tradition: 1650 to the Present.* New York: E. P. Dutton, 1985.

KEITHAHN Edward L. *Monuments in Cedar.* New York: Bonanza Books, 1963.

KELLER Clara D., « Life at Lake Tahoe », *Los Angeles Times Illustrated Weekly Magazine,* 17 juillet 1910, pp. 74-75.

KENT Kate Peck, « From Blanket to Rug: The Evolution of Navajo Weaving After 1880 », *Plateau,* vol. LII, n° 4, 1981, pp. 10-21.

KENT Kate Peck, *Pueblo Indian Textiles: A Living Tradition.* Santa Fe, Nouveau-Mexique: School of American Research Press, 1983.

KENT Kate Peck, *Navajo Weaving: Three Centuries of Change.* Santa Fe, Nouveau-Mexique: School of American Research Press, 1985.

KING J. C. H., *Smoking Pipes of the North American Indian.* Londres: British Museum Publications, 1977.

KING J. C. H., *Thunderbird and Lightning: Indian Life in Northeastern North America 1600-1900.* Londres: British Museum, 1982.

KING J. C. H., « The Eugene and Clare Thaw Collection of American Indian Art », *American Indian Art Magazine,* vol. XXI, n° 3, 1996, pp. 36-43.

KRICKEBERG Walter, *Altere Ethnographica aus Nordamerika im Berliner Museum fur Volkerkunde.* Berlin: Baessler-Archive, 1954.

KROEBER Alfred L., *The Arapaho.* Lincoln: University of Nebraska Press, 1983. (Préalablement publié en trois parties dans le *Bulletin of the American Museum of Natural History* en 1902, 1904 et 1907).

LANIEL-LE FRANÇOIS Marie-Élisabeth, PIERRE José, CAMACHO Jorge, *Kachina des Indiens Hopi.* Strasbourg: Amez, 1992.

LESSARD F. Dennis, « A Wicasas Shirt in the Derby Collection », dans *Eye of the Angel: Selections from the Derby Collection.* Northampton, Massachusetts: White Star Press, 1990.

LYFORD Carrie, *Quill and beadwork of the Western Sioux.* Washington, D.C.: U.S. Department of the Interior, 1940.

MCCAFFREY Moira T., JAMIESON Bruce « A Village Called Hochelaga: The Dawson Archaeological Site: An Overview », dans *Wrapped in the Colours of the Earth: Cultural Heritage of the First Nations.* Montreal: McCord Museum of Canadian History, 1992.

MACDOWELL Marsha L. (éd.), DEWHURST C. Kurt (éd.), *To Honor and Comfort: Native Quilting Traditions.* Santa Fe: Museum of New Mexico Press in association with Michigan State University Museum, 1997.

MACNAIR Peter, JOSEPH Robert, GRENVILLE Bruce, *Down from the Shimmering Sky: Masks of the Northwest Coast.* Seattle: University of Washington Press, 1998.

MARKOE Glenn E. (éd.), *Vestiges of a Proud Nation: The Ogden B. Read Northern Plains Indian Collection.* Burlington, Vermont: Robert Hull Fleming Museum, 1986.

MAURER Evan M., « Dada and Surrealism », dans « *Primitivism* » *in 20th Century Art,* vol. I. New York: Museum of Modern Art, 1984.

MAURER Evan M., *The Native American Heritage: A Survey of North American Indian Art.* Chicago: Art Institute of Chicago, 1977.

MAURER Evan M., *Visions of the People: A Pictorial History of Plains Indian Life.* Minneapolis: Minneapolis Institute of Arts, 1992.

MILES Charles, *Indian and Eskimo Artifacts of North America.* New York: Bonanza Books, 1963.

MOCHON Marion Johnson, *Masks of the Northwest Coast.* Milwaukee, Wisconsin: Milwaukee Public Museum, 1966. (Publications in Primitive Art, n° 2.)

MORNING STAR GALLERY / PARCO, *Native American Ledger Drawing Book.* Santa Fe, Nouveau-Mexique, 1992.

MYERS Thomas P., « The Cook Collection: A Turn-of-the-Century Collection from the Nebraska Frontier », *American Indian Art Magazine,* vol. XIX, n° 1, 1993, pp. 60-67, 102.

NEUMANN David L., ASHTON Robert, ASHTON Sharon, «Jewelry», dans TANNER Clara Lee (éd.), *Indian Arts and Craft.* Phoenix, Arizona : Arizona Highways, 1976, pp.132-166.

NUNLEY John W., BERLO Janet, *Native North American Art.* Saint Louis, Missouri : Saint Louis Art Museum, 1991.

ORTIZ Alfonso, «The Dynamics of Pueblo Cultural Survival», dans *North American Indian Anthropology : Essays on Society and Culture.* Norman : University of Oklahoma Press, 1994.

PAPER Jordan, *Offering Smoke : The Sacred Pipe and Native American Religion.* Moscow, Idaho : University of Idaho Press, 1988.

PAINTER John, *American Indian Artifacts : The John Painter Collection.* Cincinnati : George Tassian Organization, 1991.

PENNEY David W., *Arts des Indiens d'Amérique du Nord.* Paris : Terrail, 1998.

PENNEY David W., *Art of the American Indian Frontier.* Seattle/Detroit : University of Washington Press/The Detroit Institute of Arts, 1992.

PENNEY David W., LONGFISH George, *Native American Art.* New York : Hugh Lauter Levin Associates, 1994.

PETERSEN Karen Daniels, *Plains Indian Art from Fort Marion.* Norman : University of Oklahoma Press, 1971.

PETERSEN Karen Daniels, *American Pictographic Images : Historical Works on Paper by the Plains Indians.* Santa Fe, Nouveau-Mexique : Morning Star Gallery, 1988.

PETERSON Jacqueline, PETERS Laura, *Sacred Encounters : Father De Smet and the Indians of the Rocky Mountain West.* Norman : University of Oklahoma Press, 1993.

PHELPS Steven, *Art and Artefacts of the Pacific, Africa, and the Americas : The James Hooper Collection.* Londres : Hutchinson of London, 1976.

PHILLIPS Ruth B., *Trading Identities : The Souvenir in Native North American Art from the Northeast, 1700-1900.* Seattle : University of Washington Press, 1998.

PHILLIPS Ruth B., *Patterns of Power : The Jasper Grant Collection and Great Lakes Indian Art of the Early Nineteenth Century.* Kleinburg, Ontario : McMichael Canadian Collection, 1984.

PHILLIPS Ruth B., «Northern Woodlands», dans cat. exp. *The Spirit Sings : Artistic Traditions of Canada's First Peoples.* Toronto/Calgary : McClelland and Stewart/Glenbow Institute, 1987.

PHILLIPS Ruth B., *Trading Identities : The Souvenir in Native North American Art from the Northeast, 1700-1900.* Seattle : University of Washington Press, 1998.

POHRT Richard, Sr., *The American Indian, The American Flag.* Flint, Michigan : Flint Institute of Arts, 1975.

QUIMBY George I., Jr., «Japanese Wrecks, Iron Tools, and Prehistoric Indians of the Northwest Coast», *Arctic Anthropology,* vol. XXII, nᵒ 2, 1985, pp. 7-15.

REID Martine. «Northwest Coast», dans cat. exp. *The Spirit Sings : Artistic Traditions of Canada's First Peoples.* Toronto/Calgary : McClelland and Stewart/Glenbow Museum, 1987.

ROUSSELOT Jean-Loup, ABEL Bernard, PIERRE José, BIHL Catherine, *Masques eskimo d'Alaska.* Strasbourg : Amez, 1991.

SAINSBURY CENTRE FOR VISUAL ARTS, *Robert and Lisa Sainsbury Collection.* Norwich (UK) : University of East Anglia, 1978.

SCRUGHAM James G. (éd.), *Nevada : A Narrative of the Conquest of a Frontier Land.* New York : The American Historical Society, 1935.

SNODGRASS O.T., *Realistic Art and Times of the Mimbres Indians.* El Paso, Texas : Snodgrass, 1975.

SPECK Frank G., *Notes on the Functional Basis of Decoration and the Feather Technique of the Oglala Sioux. Indian Notes,* vol. V, nᵒ 1, Museum of the American Indian, New York, 1928.

STINGL Miloslav, *Kurst der Indianer und Eskimos Nordamerikas.* Leipzig : E. A. Seemann, 1990.

SZABO Joyce M., *Howling Wolf and the History of Ledger Art.* Albuquerque : University of New Mexico Press, 1994.

TANNER Clara Lee, *Apache Indian Baskets.* Tucson, Arizona : University of Arizona Press, 1982.

THOMPSON Judy. *The North American Indian Collection : A Catalogue.* Berne : Musée historique de Berne, 1977.

TORRENCE Gaylord, *The American Indian Parfleche : A Tradition of Abstract Painting.* Seattle : University of Washington Press, 1994.

TORRENCE Gaylord, HOBBS Robert, *Art of the Red Earth People : The Mesquakie of Iowa.* Seattle : University of Washington, 1989.

TURNER Geoffrey, *Hair Embroidery in Siberia and North America.* Oxford : Pitt Rivers Museum, 1955.

VAN NORMAN TURANO Jane, « Two Very Special Family Collections », *Maine Antique Digest,* 1992, p. 46-B.

VINCENT Gilbert T., *Masterpieces of American Indian Art.* New York : Harry N. Abrams, 1995a.

VINCENT Gilbert T., « The Eugene and Clare Thaw Collection of American Indian Art », *The Magazine Antiques,* 1995[b], pp. 62-69.

VINCENT Gilbert T., « The Eugene and Clare Thaw Collection of American Indian Art », *The World of Tribal Antiques,* 1995[c], pp. 34-37.

VITART Anne, « From Royal Cabinets to Museums : A Composite History », dans *Robes of Splendor : Native North American Painted Buffalo Hides.* New York : The New Press, 1993.

WADE Edwin (éd.), *The Arts of the North American Indian : Native Traditions in Evolution.* New York : 1986.

WALKER ART CENTER, *American Indian Art : Form and Tradition.* New York : E. P. Dutton, 1972.

WALTON Ann T., EWERS John C., HASSRICK Royal B., *After the Buffalo Were Gone : The Louis Warren Hill, Sr., Collection of Indian Art.* St. Paul, Minnesota : Northwest Area Foundation, 1985.

WARDWELL Allen, *Yakutat South Indian Art of the Northwest Coast.* Chicago : Art Institute of Chicago, 1964.

WARDWELL Allen, *Of Pride and Spirit : North American Indian Art from a Private Collection in Hawaii.* Honolulu : Academy of Arts, 1981.

WARDWELL Allen, *Southwestern Indian Baskets : Their History and Their Makers.* Santa Fe, Nouveau-Mexique : School of American Research Press, 1988.

WARDWELL Allen, *Tangible Visions : Northwest Coast Indian Shamanism and its Art.* New York : Monacelli Press/Corvus Press, 1996.

WHERRY Joseph, *Indian Masks and Myths of the West.* New York : Funk & Wagnalls, 1969.

WHITEFORD Andrew, *Southwestern Indian Baskets : Their History and Their Makers.* Santa Fe, Nouveau-Mexique : School of American Research Press, 1988.

WHITEFORD Andrew H., PECKHAM Stewart, DILLINGHAM Rick, FOX Nancy, KENT Kate Peck, *I Am Here : Two Thousand Years of Southwest Indian Arts and Culture.* Santa Fe : Museum of New Mexico Press, 1989.

WILDSCHUT William, EWERS John C., *Crow Indian Beadwork : A Descriptive and Historical Study. Contributions from the Museum of the American Indian,* vol. XVI. New York : Museum of the American Indian, 1959 ; rééd., 1985.

WOOLEY David L., WATERS William, « Waw-No-She's Dance », *American Indian Art Magazine,* vol. XIV, n° 1, 1988, pp. 36-45.

WOOLEY David L. (éd.), *On the Border.* Moorhead, Minnesota : Plains Art Museum, 1990.

WOOLEY David L., HORSE CAPTURE Joseph D., « Joseph No Two Horns, He Nupa Wanica », *American Indian Art Magazine,* vol. XVIII, n° 3, 1993, pp. 32-43.

ZIGMOND Maurice L., « Got[t]lieb Adam Steiner and the G. A. Steiner Museum », *Journal of California and Great Basin Anthropology,* vol. I, n° 2, 1979, pp. 322-330.

ZIMMERMAN Larry J., *Native North America.* New York : Little, Brown and Company, 1996.

Photogravure et flashage : Re.Bus, Italie
Achevé d'imprimer en décembre 1999
sur les presses de Re.Bus, Italie